辽宁省高校留学生教育管理的
创新与实践

主编 张 伟 张 健 崔宁宁

辽宁大学出版社

图书在版编目（CIP）数据

辽宁省高校留学生教育管理的创新与实践/张伟，
张健，崔宁宁主编. －沈阳：辽宁大学出版社，2017.6
ISBN 978-7-5610-8675-9

Ⅰ.①辽…　Ⅱ.①张…②张…③崔…　Ⅲ.①留学生
教育－教育管理－研究－辽宁　Ⅳ.①G648.9

中国版本图书馆 CIP 数据核字（2017）第 125850 号

辽宁省高校留学生教育管理的创新与实践
LIAONING SHENG GAOXIAO LIUXUESHENG JIAOYU GUANLI DE CHUANGXIN YU SHIJIAN

出 版 者：辽宁大学出版社有限责任公司
　　　　　（地址：沈阳市皇姑区崇山中路66号　　邮政编码：110036）
印 刷 者：鞍山新民进电脑印刷有限公司
发 行 者：辽宁大学出版社有限责任公司
幅面尺寸：170mm×240mm
印　　张：16.5
字　　数：210 千字
出版时间：2017 年 6 月第 1 版
印刷时间：2017 年 6 月第 1 次印刷
责任编辑：于盈盈
封面设计：徐澄玥
责任校对：齐　阅

书　　号：ISBN 978-7-5610-8675-9
定　　价：48.00 元

联系电话：024－86864613
邮购热线：024－86830665
网　　址：http：//press. lnu. edu. cn
电子邮件：lnupress@vip. 163. com

序

　　积沙成塔，厚德载物。在当今全球国际化格局中，教育领域的国际化发展迅速，影响深远。中国在高等学校中积极促进国际学生的扩大和层次，使之成为面向世界、促进往来和人文交流的重要抓手。在高校外国留学生教育管理领域中，辽宁省无疑占有相当重要的位置。从1954年东北大学接收第一名朝鲜留学生开始，经过60余年，2016年全省46所高校招收留学生人数达到2.5万余人。在全国留学生数量排名居前。多年来我省留管教职工为留学生教育事业积累了丰富而宝贵的管理模式和教学经验。

　　为进一步发挥我省优势和长项，推进我省留学生教育再上新台阶，以适应我国新时期快速发展的大趋势，适应"一带一路"的国家战略重点。为实现我省高校留学生教育的这一新目标，辽宁省外国留学生教育管理学会汇集了全省多所高校在留学生教学和管理方面的多篇学术研究成果，他们将多年教学和管理工作中的宝贵经验和体会进行总结和梳理。这些成功个案和经验，是我省高校留管系统几十年积累的精粹集结成的一笔宝贵财富，为全省从事留学生教育的教职人员提供了参考和借鉴。

　　本书分为上下编，上编为各高校在留学生管理方面的成熟经验和具体做法，下编为留学生教学方面主要是汉语教学的丰富经验和体会。本书作为辽宁省教育厅2016年科学研究项目

W201617 "'以赛带学'的留学生汉语教学管理模式"和中国高等教育学会外国留学生教育管理分会 2016—2017 年来华留学教育科学研究课题"汉语国际教育方法与内容新探——以留学生汉字规范化书写为例"两项课题的阶段性研究成果。

　　本书得以顺利出版，首先感谢我省从事高校留学生教育工作者的辛勤劳动和无私奉献，还要感谢辽宁省教育厅农林医药高等教育处（国际交流合作处）对该书的大力支持。最后感谢辽宁大学出版社张家道社长和于盈盈编辑的大力支持！

中国高等教育学会外国留学生教育管理分会副会长
辽宁省外国留学生教育管理学会会长

张伟

2017 年 6 月

目　　录

上编·教育管理

下编·教学管理

上编・教育管理

第一部分：发掘本校优势，开拓招生新渠道

以语言文化活动为突破口，构建全员育人、全过程育人、全方位育人的留学生教育格局

（沈阳师范大学　张　伟　崔宁宁）

为贯彻落实中共中央办公厅、国务院办公厅印发的《关于做好新时期教育对外开放工作的若干意见》和国家"一带一路"发展战略，大力推进中国政府奖学金工作稳定、创新发展，培养留学生"知华、友华、亲华、善华"的真情实感，多年以来，沈阳师范大学紧密围绕留学中国、留学辽宁计划，打造留学沈师品牌，致力于提质增效、稳定规模、拓宽层次、规范管理，尤其是在中国政府奖学金生培养方面进行了一系列的探索与实践，逐渐形成了一定的体系与特色。

一、2016 年我校中国政府奖学金工作情况

沈阳师范大学隶属于辽宁省人民政府，是一所涵盖哲学、经济学、法学、教育学、文学、理学、工学、管理学、艺术学等九大门类的多科性大学。现拥有国家级特色专业 5 个、省级特色专业 17 个。学校先后有 48 个专业参与省内本科专业评价，其中 9 个专业位列同类专业第一。在 2015 年辽宁省公布的首批"百强"优势与特色专业中，我校汉语国际教育、英语、旅游管

理、音乐表演和表演等 5 个专业入选。

我校于 1985 年开始招收外国留学生，分别于 2002 年和 2008 年首批获批中国政府和孔子学院奖学金留学生接收单位，2012 年获批商务部援外培训承办基地，2015 年获得两岸大学生交流基地。截至 2016 年 12 月，全年累计招收 60 多个国家的长短期留学生 1200 余名，涵盖 16 个学院的 32 个专业，其中长期生 716 人，学历生 261 人，短期生 526 人，中国政府奖学金生 123 人，孔子学院奖学金生 52 人。

二、工作总体思路

注重以打造专业特色吸引留学生来校学习，根据社会需求，培养全方位发展的优秀留学生人才，始终坚持"语言＋文化＋技能"培养模式，构建全员育人、全过程育人、全方位育人的留学生教育格局，以传播弘扬优秀中国传统文化、消除文化误解，促进不同国家文化的交流和理解为基本思路，打造留学生品牌文化活动，弘扬正能量，培育中国情结，培养友华情感，服务国家总体外交战略，提升国家软实力。

三、具体经验和做法

（一）全力做好国家级、省级大型活动和赛事的组织协调工作

国家级、省级大型活动和赛事的承办可以向国家、省市各级部门、各兄弟院校和来自世界各地的留学生们展示我校突出的办学优势、优越的办学条件和广大师生良好的精神风貌，能够影响学校自身结构多层面的变化，增强我校留学生的荣誉感、自信心和认同感。近年来，我校承办、协办过的国家级、省级

大型活动和赛事如下：

1. 重点做好国家留学基金委"感知中国"系列活动

从2015年开始，我校连续三年承办了国家留学基金委主办的"感知中国"中国政府奖学金生社会实践和文化体验活动。

2015年10月和2016年6月，我校分别组织辽宁大学、沈阳航空航天大学等9所高校的168名留学生赴沈阳苏家屯、鞍山、大连旅顺口、本溪药都、丹东大梨树村等地，开展了"感知中国——辽宁情"主题社会体验活动。

2017年正月大年初二至初四，我校作为牵头单位与沈阳及周边地区共12所高校来自40余个国家的93名中国政府奖学金生及带队教师，共同赴北京开展了"感知中国——欢度中国年"活动。在北京石景山游乐园，留学生们表演了独具民族风情和东北特色的联欢节目，与北京市民共同欢度了一场中西合璧、互动分享、欢乐祥和的中国新年嘉年华。北京日报、法制晚报（北京）、中国网（中英文）、中国日报网、凤凰网、人民政协网、网易新闻、搜狐网、环球网、东方网等新闻媒体对本活动进行了报道。

2. 寓教于乐，做好"留动中国——在华留学生阳光运动文化之旅"活动

我校于2013年和2015年两次协办了由教育部主办、省教育厅承办的"留动中国——在华留学生阳光运动文化之旅"辽宁省选拔赛。两次活动共有来自东北大学、大连理工大学、辽宁大学在内的30多所高校60多个国家的450多名中外学生参加了比赛。全面展示了包括中国政府奖学金生在内的我省留学生良好的精神风貌和进取精神，宣传了我省高等教育国际化发展的丰富成果。

3. 提升国际影响力，做好中日韩三省县道青少年体育交流活动

我校于2014年协办了中日韩三省县道青少年体育交流大

会，活动由辽宁省人民政府主办，辽宁省外事办公室承办。省政府相关领导、省外办领导均出席了开幕式并现场观摩了比赛。日本神奈川县、韩国京畿道副知事、三省县道代表团团长及各项目教练员等 150 余人参加了交流活动。值得一提的是，曾在我校学习的日本乒乓球选手福原爱，就在青少年时代参加过该项体育交流活动。

（二）以赛促学，鼓励和帮助学生参加各类语言文化竞赛，打造留学沈师"形象大使"

我校一向积极采用"以赛促学"的方式，鼓励和帮助学生参加各类语言文化竞赛。不仅参加全球关注的"汉语桥""汉语大会"和辽宁省举办的外国留学生汉语大赛等，还积极参加校内的语言文化比赛、各种单项比赛。对于参赛选手，我们不但给予资金支持和奖励，而且对参加比赛的同学实行一对一辅导的"导师负责制"，强化语言文化知识等方面的训练。语言文化赛事极大地激发了留学生对汉语和中国文化强烈的学习兴趣，通过参赛过程提升学术能力，营造良好的学术氛围，使留学生在快乐中学习，真正地享受"快乐汉语"。

2011 年至 2013 年，我校有 6 名留学生进入"汉语桥"在华留学生汉语大赛总决赛，其中 3 名同学分别获得第四、第六和第八名；2014 年，我校 3 名学生闯进"汉语桥"全球外国人汉语大会总决赛，其中美国留学生黄小猫获得第三名；2014 年，在辽宁省首届外国人汉语大赛的总决赛中，我校有 3 名留学生进入汉语高校组前十名，分别取得第二名、第四名和第九名的好成绩。这些优秀留学生代表的涌现，尤其是近两年美国留学生黄小猫的成功塑造与培养，已经成为有一定影响力和号召力的留学沈师的"金字招牌"。

（三）精心培育特色传统，打造品牌化、系统化、规范化的留学生活动

1. 做好顶层设计，合理规划全年的留学生活动

在每年年初，学院都要制订全年的学生活动规划和计划，制定了《沈阳师范大学外国留学生学年年历》（中英文双语版）、《沈阳师范大学外国留学生新生报到注册流程》（中、英、韩、俄四语版）等相关文件，在学院网站、"留学沈师"微信公众号、教学楼、公寓楼宣传栏上进行公布，并把"留学沈师"微信公众号放在邮寄给留学生的通知书上，让学生在进入学校之前就知晓全年的活动安排，做到管理规范，精准服务。

2. 精心设计，有力实施，将第二课堂活动建设成为第一课堂教学的有力补充

第二课堂作为第一课堂的延伸和补充是留学生教育中非常重要的一环，按照"以留学生为本"，围绕人才培养目标建立第二课堂活动体系，以活动为载体进行专业教育、思想教育，将培养留学生"知华、友华、亲华、善华"的真情实感融入到每一项活动的开展中去。

作为汉语教学的延伸，第二课堂积极开展经典诗歌诵读大赛、汉语征文比赛、汉语演讲大赛、硬笔书法大赛、软笔书法作品展示等专业型赛事。

每个新学期新班级刚组建时，都要进行以制作班板报为主题的班级文化建设评选，迅速提升班级凝聚力；春季春暖花开时，通过"我与小树共成长"学院周边小树认领活动，教育留学生爱护校园环境，热爱沈师校园；冬季大雪纷飞时，通过开展长跑活动和"堆雪人"大赛，体会东北独特的冰雪之美，展现热爱辽宁的情怀。

3. 突出强调班导师的作用，全面引导、组织和教育留学生的成长

根据不同汉语水平班级的不同特点配备专业的班导师，班导师为该班级汉语课的授课教师，对班级每一个留学生的个性以及整个班级情况都要做深入了解和把握，从思想、学习、生活、活动等各个方面，全面把握各国家留学生的特征，有效实施重点教育。

4. 以校内社团为依托，搭建中外学生交流平台

我们鼓励留学生和中国学生一起组织语言文化活动，留学生社团是我校留学生活动的重要阵地，现设有汉语角协会、书法协会、武术协会、电影协会、足球协会五个协会，其中"汉语角协会"的影响最大，是我校首个贯彻"中外互动、本硕沟通、本硕联合"人才培养理念的学生社团，也是一个力求从全方位适应国际化人才培养目标的实践实体。汉语角的所有活动都是由中外学生共同参与完成的，除了春游、秋游、联谊晚会、大型公益活动外，汉语角的常规活动还有中外文化论坛、公众语言文化知识传播平台（微信平台）、中外大学生时事辩论课、中外学生结伴互学等活动。同时，我们积极推荐优秀留学生代表参加一年一度的"荣耀师大"校长招待宴。

5. 开展特色化教学实践，建立留学生实习实践基地

留学生专业水平的提升离不开语言的实践应用，我校先后与法库县经济开发区、盘锦市旅游发展委员会、北京盛世天顺投资管理有限公司辽宁分公司、沈阳晋级装饰工程有限公司、辽宁楚商会馆、宁山大厦、东家瑞士酒店共建了外国留学生实习实践基地，为留学生体验东北特色文化，感受民风民俗魅力，旅游文化迈向国际化，走向世界搭建平台。

汉语国际教育专业在留学生教学实践中，首开先河，让留学生走入阜新蒙古族自治县红帽子小学，为贫困地区的孩子教授外语，开展"送文化"活动。走进兄弟院校鞍山师范学院国

际教育学院的汉语课堂，两校师生之间交流教学、学习心得。

我们还带领留学生走进沈阳市皇姑区珠江五校，与小学生们互动交流，共同参加"世界文化风采嘉年华、阅读节"活动。留学生们不仅发挥了自身的母语优势，更在汉语语言实践中提升了专业水平。

6. 借助社会力量，依托友好学校和兄弟院校，加强校际交流，搭建校园、校际、社会三位一体的留学生活动平台

我校不断借助社会多方力量，将中国文化体验引进校园，将各种便民服务带给留学生，不断加强各高校留学生之间的沟通交流，带领留学生走出校门，参加丰富多彩的文化艺术活动。

我校通过省文化厅、省外宣办、省非物质文化遗产保护中心、省国际文化经济交流中心、省国际经济文化协会等，将"关东喜鹊王"、盖州皮影戏、李氏糖人、传统刻陶、面塑技艺、京剧国粹、阜新东蒙短调等中华传统技艺展现给留学生；沈阳桃仙机场海关和沈阳海关驻邮局办事处工作人员走进校园，为留学生讲解邮递物品和旅客通关等相关知识。

我校与各友好学校之间交流频繁，韩国敬仁女子大学文化使节团、日本仙台大学体育交流团、"魅力沈师·阿拉伯之夜"中、意、俄、韩国际文化艺术节等校际艺术文化交流活动不断举行；沈阳北部大学城五所高校每年都轮流主办"庆圣诞、迎新年"文艺晚会，定期举办校际足球比赛，都深受留学生的欢迎和喜爱。

受省人民对外友好协会的邀请，我校留学生多次参加辽宁省中外友好联谊会、中秋联谊会等活动；受省外事办公室的邀请，我校留学生还参加了由泰国驻华大使馆和省外事办公室联合主办的泰国水果美食节活动。

（三）人文关怀，以特色品牌活动充实多彩留学生活

1. "我和节日有个约会"民俗文化体验活动

通过中国节日，解读中国民俗。以中国传统节日为契机，

以"我和节日有个约会"为题开展系列传统节日文化体验活动，介绍节日由来，讲述节日内涵，体验节日民俗。

（1）端午节：以"粽香端午"为主题，包粽子、品粽香、结彩绳、话屈原。

（2）中秋节：以"月桂飘香话团圆"，赏明月、吃月饼、看歌舞、讲民俗。

（3）春节：2015年2月18日除夕之夜，我校应邀参与中央电视台CCTV NEWS栏目组举办的"外国留学生中国乡村过大年"文化体验活动，我校师生在辽宁抚顺新宾赫图阿拉老城国舅府共度新春佳节。中央电视台驻辽宁记者站全程跟踪报道，并在央视英语新闻频道面向全球分5个时段进行了现场直播。

（4）艺术节：我校先后两次应邀参加由省旅发委和盘锦市政府共同主办，盘锦市旅游发展委员会和大洼区政府承办的"中国·盘锦第二届冬季稻草艺术节暨'嬉冰雪、泡温泉、住民宿、过大年'"活动，留学生们深切体验到了辽河口文化，感受到中国传统民风民俗，了解了中国城市的国际化发展新貌。2016年12月31日中国中央电视台在新闻联播节目中以"辞旧岁满满获得感，迎新年足足精气神"对此项活动进行了报道。此外，新华社、光明日报、辽宁日报、辽河晚报、盘锦日报、辽宁电视台、盘锦市电视台等多家媒体对此次活动进行了跟踪采访及报道。

2. 经典传统文化和地域文化体验系列活动

以培养文化情感、传播中国传统文化为目的，我校始终坚持倡导留学生体验中华传统文化，学习中华才艺。这些活动一般采取欣赏与体验相结合，每项体验活动每学期1～2次。活动主要有：

（1）"我的京剧脸谱"体验京剧活动。看京剧、穿戏服、画脸谱。

（2）"给自己剪个喜字"体验手工制作活动。剪喜字、刻窗花、编中国结。

（3）学会写"福"字书法学习体验活动。

（4）"学打太极拳"等传统武术体验活动。

（5）"品中华茗茶"中国茶艺赏析与体验活动。

（6）学习中国传统乐器，我校留学生可以弹奏二胡、古筝、琵琶，可以吹奏笛子。

（7）上中医课程，体验中医针灸、推拿技法。

（8）开展体育活动，学打"中国国球"乒乓球。

同时，我们还带领留学生体验辽宁的地域文化，如走进岫岩体验玉石文化，走进朝阳体验红山文化，走进新宾体验清朝文化等。

3. 走进普通居民社区，体会百姓家庭生活

我校与沈阳市陵东城建北尚社区建立了留学生志愿者团队共建单位，并挂牌成立了留学生志愿服务基地。留学生与社区居民举行大联欢，先后走进退休老干部家庭、中医世家、中国传统器乐演奏等特色家庭进行交流互动。

四、工作感悟

1. 实施"一把手"工程，协调学校各部门资源，调动各学院积极性，推动中外学生趋同化管理

做好留学生工作首先要得到学校领导的高度重视，协调好学校各部门的资源，积极调动各学院的积极性，不断深化和推动中外学生趋同化管理，有效促进留学生规模和质量的稳步提升。我校于 2015 年 10 月，召开了全校范围的教育国际化工作会议，全体校领导、各单位党政主要负责人、机关各部门负责人都出席了会议，学校党委出台了《关于加快推进教育国际化工作的决定》，确定了我校教育国际化发展的总体思路。

大型活动能够组织得当，实施有力，必须得到学校领导的

高度重视，得到学校各职能部门的积极配合和大力支持。我校承办的各项大型活动和综合赛事都得到了各位校级领导的重视，活动举行前都要召开由校领导参加，各相关部门主管领导出席的协调会、碰头会，明确各相关部门的任务分工与工作职责。以我校承办的两次"留动中国——在华留学生阳光运动文化之旅"活动辽宁省选拔赛来说，在活动策划组织伊始，就召开了由校领导参加，校务办公室、党委宣传部、后勤工作处、校园安全与保卫处、场馆中心、学生处、校团委等机关职能部门，体育科学学院、戏剧艺术学院等二级学院参加的协调会，使活动在嘉宾邀请、赛事组织、安全保卫、住宿用餐、媒体宣传、观众安排、节目设计和志愿服务等各方面工作都取得了良好的成效。

2. 紧扣国家大政方针，精心设计活动方案，积极调动师生积极性

成功的留学生活动主要有以下几个要素：一是活动的立意和主题要紧扣国家的大政方针；二是活动安排要劳逸结合，寓教于乐，将思想引领、实地考察、动手体验相结合，积极调动师生的积极性；三是参观考察安排要得当，总结升华，统一思想，达成共识。

比如我校组织的"感知中国"活动，主题一直围绕"辽宁情"展开。2015年的活动主题在理想信念方面，我们选取了当下青年人关注的大学生村官和苏家屯八一街道团工委副书记兼官立堡村党支部第一书记吴书香进行交流座谈；在传递中国正能量方面，我们选取了与新时期雷锋精神的优秀代表郭明义爱心工作室成员进行交流。在经济建设发展东北老工业基地振兴方面，我们参观考察了基础雄厚、历史悠久的鞍山钢铁集团公司和新兴产业、中日合资的大连中远川崎船舶工程有限公司。

2016年的活动主题围绕辽宁现代化企业、非物质文化遗产和新农村建设体验展开。有中国药都辽宁（本溪）生物医药科

技产业基地——老工业基地城市的现代化发展考察之旅，有本溪剪纸文化创意产业园和本溪南芬辽砚文化产业园区非物质文化遗产体验之旅，还有参观丹东凤城大梨树村新农村建设成果体验之旅。理想信念教育，在"干"字文化广场，让留学生们实实在在地感受到中国新农村建设中的"苦干、实干加巧干"的精神，感受到中国当代农民良好的精神面貌。在毛丰美纪念馆，了解到毛丰美这位基层的好书记、党的好干部、农民致富路上的带头人的感人事迹，感受一名乡村基层干部楷模、优秀共产党员的创业精神和为民情怀。我们不需要讲政治，只需要引导留学生用心去体会与感受。

精心设计，注重细节，不断地精益求精。首先，要与各参加单位不断沟通，达成共识。要了解参加高校留学生的具体情况，科学安排活动时间，合理计划活动内容，尊重个人的风俗习惯，考虑到每个人的切身感受，将参观学习、考察实践、寓教于乐、总结提升相结合，使留学生们不仅能交到朋友，放松心情，更能增长见闻，提升境界。其次，要精准设计实施方案，突发预案有备无患，保证活动顺利开展。一次活动的成功举行，人员、行车和财物的安全才是重中之重。做到这些，就要有详细、周密的实施方案和突发预案，要提前对活动的具体行程安排、纪律安全要求、相关注意事项讲解清楚，交代明白。

例如，在三次"感知中国"活动开展前，我们都召开了由各参与高校带队教师参加的碰头会，对活动的各项安排与要求进行说明，并了解各高校对组织协调工作的意见和建议。在今年正月大年初二至初四进行的"感知中国——欢度中国年"活动中，由于活动组织实施在寒假假期，又临近春节，各高校已经放假的情况下，我们采取了由省教育厅主管领导加入的微信群在线会议，将活动的相关安排与要求进行了很好的布置与传达。

为了组织好"感知中国"的系列活动，尤其是"欢度中国年"活动，参与的高校是三次活动中最多的一次，涉及 12 所学校、沈阳、抚顺、鞍山、阜新、锦州 5 个城市，有 40 余个国家的 93 名中国政府奖学金生及带队教师参加；是行驶旅程最长的一次，首次带领这么多留学生跨省开展活动，走出盛京沈阳来到首都北京，每一个留学生都是无比的兴奋和激动，我们所有参加人员分沈阳、鞍山、锦州 3 个车站上车，包下了一整节的动车车厢，共乘坐 6 个小时的动车抵达北京站；是组织最用心的一次，由于是在春节期间，也是我们辽宁省高校第一次这么大规模的进京开展活动，往返车票购买、住宿用餐安排、行程路线设计，我们都力求做到最佳，最好，最用心。到达酒店的第一晚，刚吃完晚饭我们就开始了节目的排练，我们发动了每一位带队教师，有带领学生排练开场舞的，有设计主持环节的，有亲自上场表演的，每一个人都在为奉献一场精彩的演出努力着。为了给老师和同学们一份新春的祝福，我们加紧制作了印有"感知中国"字样的中国红围巾，送给大家；为了便于组织管理，给大家购买了象征鸡年大吉，颜色鲜艳的"小黄鸡"帽子，不仅可爱喜气，还醒目易于辨认。这些精心的设计让我们这支盛京来的"歪果仁"大军，走到哪里都有人热情的和我们合影，走到哪里都是关注的焦点，让我们成为新春佳节里首都一道亮丽的风景线。

每次活动既要有参观考察这样的主旋律环节，也要有篝火晚会、以歌会友、以舞助兴这样的寓教于乐环节，这样才能更好地调动留学生的积极性。

每次活动的最后一个环节都是心得体会交流会，每个高校、每个国家的留学生代表都要上台用汉语表达自己的所见所闻所感，会后每一位参加活动的留学生都撰写心得体会报告，配上自己在活动中拍摄的照片。我校都要将活动的行程安排、人员名单、活动图片、学生的总结报告等编辑印刷成册形成汇报材料，同时制作拍摄总结短片。

3. 依托新闻媒体，讲好中国故事

我校富有特色的教学模式、留学生活动和取得的成绩受到了中央和地方媒体的广泛关注，得到了中央电视台、新华网、人民网、人民日报、光明日报、香港文汇报、辽宁日报、今日辽宁等媒体的多次报道。2016年正月大年初七，中央电台综合频道和新闻频道并机播出的《焦点访谈》栏目就以《洋媳妇的心意》为题播出了我校美国留学生黄小猫与中国公公婆婆一起过大年、尽孝道的感人故事。受到全国广大观众的好评，黄小猫浓厚的中国情结正是我们培养"知华、友华、亲华、善华"真情实感的写照。

4. 借力活动，申请国家、省市课题项目，撰写论文，开展来华留学教育学术研究

新时期新任务对建设一支高素质的留管干部队伍提出了更高的要求，作为一线的留管干部不仅要政治强、觉悟高，更要能力好、素质高，不断注重自身学术水平的提升。通过组织各级留学生活动，不断总结积累，搭建平台，申请国家、省市课题项目，撰写论文，开展来华留学教育学术研究。

五、结语

经过三十余年的发展建设，我校的留学生办学质量不断提高，培养了许多优秀的毕业生，如我校印度尼西亚留学生卓佑宥和突尼斯留学生海客成功考取了中央民族大学博士研究生，泰国留学生罗佩琳应聘到泰国驻华大使馆工作。办学声誉得到了国内外同行、家长及留学生朋友们的广泛认可。

感谢国际司、国家留学基金委、辽宁省教育厅等相关部门与领导对我校留学生教育工作的细心指导与大力支持，我校将继续贯彻落实新时期教育对外开放和"一带一路"发展战略，遵循"来华留学工作围绕外交大局，服务教育对外开放"这一

原则，坚持国家留学基金委"扩大规模，优化结构，规范管理，保证质量"的方针，发挥中国政府奖学金的示范引领作用，推动来华留学内涵发展，打造"留学中国、留学辽宁、留学沈师"品牌，继续培养"知华、友华、亲华、善华"的国际人才。

挖掘"地缘优势"，采取"错位竞争"的留学生招生对策

（鞍山师范学院　刘海涛　李冬香）

根据国家教育部公布的数据，2015 年共有来自 202 个国家和地区的 397635 名外国留学生在中国学习。其中，辽宁位居第七位，生源主要是韩、日、俄等国家，主要分布在沈阳、大连等二十几所高校中。面对如此庞大的留学生教育市场，地处三线城市又非重点院校的地方高校该如何定位？如何发展？这将是摆在我们面前的新挑战。本文结合笔者多年来的实践经验，就如何在"双非"（非一线城市、非重点院校）条件下，发挥"地缘优势"、打造"错位竞争"，开拓留学生招生新局面问题，谈点自己的浅薄之见，希望能给兄弟院校的招生工作带来启示。

一、留学生工作发展现状

鞍山师范学院作为"双非"地方高校，地处国内三线城市，但我校在留学生教育方面的成绩一直都是喜人的。自 20 世纪 90 年代中期开始招收留学生起，截至目前，学校先后招收来自韩国、日本、俄罗斯、吉尔吉斯斯坦、哈萨克斯坦等 30 多个国家的来华留学生 3000 多人，近几年的增长速度位居全省前列，已成为辽宁中部地区培养来华留学生的重要基地。学校的留学生教育已经形成了稳定的发展格局。在学生规模上，学生招生量由最初的十几人上升到 400 余人；在教育类别上，留学生学

历教育与非学历教育并举；在教育层次上，形成了短期语言进修生、长期语言进修生、本科生、研究生多层次并存的教育结构体系。2013 年 4 月，经国家教育部批准，我校成为接受中国政府奖学金来华留学生院校，跻身来华留学"国家队"行列。

二、行之有效的留学生招生对策

（一）发挥"地缘优势"，打通邻近国家生源渠道

鞍山师范学院一直秉承发挥"地缘优势"的原则，积极开发近邻国家市场，进而打通生源渠道。鞍山师范学院位处鞍山地区，是辽宁省中部重要城市，与俄罗斯、韩国、日本等国家毗邻，在充分发挥地缘优势的基础上，通过俄语类国家招生工作的统一部署，先后开辟了吉尔吉斯斯坦、哈萨克斯坦等中亚地区市场。因此，俄罗斯、吉尔吉斯斯坦、哈萨克斯坦、韩国等国一直是我校的重要生源地。要扩大招生规模，争取更多的生源，就不能故步自封，本着"走出去，请进来"的宗旨，我校几乎每年都会外派招生部门工作人员前往这些国家和地区招生，成果显著。截至目前，吉尔吉斯斯坦、俄罗斯、韩国已成为我校学历生教育和非学历生教育的主要生源地。

（二）结合"地域文化"，突出特色搞活宣传教育

所谓地域文化，其本质是一种以历史地理为基点的区域文化。鞍山是一个充满地域文化色彩的城市，以千山文化、温泉文化、岫玉文化、民俗文化和鞍钢文化闻名中外。我校一直本着结合"地域文化特色"的原则，以网络宣传和纸质材料并举的方式开展对外宣传教育工作。在网络宣传方面，我校重点以能反映学校办学特色及鞍山城市文化的外文视频资料为主，如城市旅游宣传片、城市节庆活动宣传动画及纪念日活动的视频

影像。在纸质材料宣传方面，除了涵盖学校的自然情况、招生要求等必备信息外，还包括学校相关文化体验课程的图片，如温泉体验、剪纸体验及太极拳体验，这些都是留学生比较青睐的实践活动。以接地气的方式搞活对外宣传工作，更符合从差异中寻找优势的特点。

（三）充分挖掘身边的"现有资源"

所谓的"现有资源"，是指校友、在校生和留学生的中国亲属，他们都将是学校招生的纽带和桥梁。我校一直坚守"从小处着手，从身边做起"的原则，比较重视与校友、在校生和留学生中国亲属的沟通与联系。对于离校的校友，我校工作人员会定期寄给他们一些学校的资料，如宣传册或节日问候等，及时通告学校的变化，通过种种方式与校友维系着关系，无形中起到一种招生宣传效果；对于在校生，我校工作人员也会定期与其沟通，既可以了解其在校情况，又可以增进情感，挖掘在校生身边的潜在资源；对于留学生的中国亲属，我校也会保持与他们的联系，时不时地通报其亲戚朋友在校的情况，如果可能，会进一步发展其成为中介代理人，通过他们推荐学生，再或采用校际学生交换、合作办学等方式来达到共赢的局面。总之，这种利用"现有资源"，采取"眼见为实"的招生方式是最令人信服的。

当然，留学生的招生对策还有很多，这里仅介绍上面这些经过实践证明比较有效的方式，希望能给各兄弟院校以启示，起到抛砖引玉的作用。

浅谈医学留学生招生工作的问题与体会

（大连医科大学　郭艳秋）

据教育部统计，西医专业已经成为留学生选择来华学习的第二大热门专业，西医留学生规模也仅次于汉语言专业留学生，位居来华留学生人数排名的第二位。我校自 2004 年开始招收临床医学专业英语授课留学生，至今已经走过 12 年的历程。12 年中，我校经历了招生模式的变化、生源结构和层次的调整、专业结构的优化，生源质量也在不断提高。下面结合 12 年来西医留学生招生工作实际，谈一下个人的体会。

一、通过对我校近年来医学留学生招生管理模式变化的分析，总结目前我国来华医学留学生招生管理模式中存在的主要共性问题

（一）招生模式单一是制约来华医学留学生教育全面、协调发展的主要因素

2003—2005 年是我校留学生教育发展的第一阶段，学校把"拓宽渠道，扩大规模，以数量求生存"作为该阶段留学生教育发展的目标要求。这一阶段，学校采取了完全依托海外招生机构的单一招生模式，即完全利用海外优秀招生机构的本土化招生宣传优势，开辟海外市场，树立海外认知度。在留学生教育发展的初期阶段，这种招生模式对开辟我校的海外教育市场，

短期内实现留学生规模大发展起到了至关重要的作用。2005年年底，学校的学历学位留学生规模已经近500人，主要来自巴基斯坦、印度、尼泊尔、斯里兰卡4个国家。

但是随着国际经济形势和国际教育市场的不断发展变化，以及留学生规模的不断发展壮大，这种单一的招生模式逐渐显现出其弊端。例如，生源来源国单一，主要以招生机构所在国家为主，招生多元化无从体现；独家代理权限制了学校的招生自主权，导致招生渠道单一，抵御变化和风险能力低，在特殊时期招生数量难以保证；满足于现有招生现状，不利于对新生源国市场的开发。

（二）招生种类单一，受经济形势波动影响严重，容易造成生源减少和流失

2006－2010年的"十一五"期间是我校学历学位留学生教育发展的第二阶段，也是我校留学生教育调整、优化结构，不断提升教育质量的阶段。"调整结构，提升水平，以质量求发展"成为这一阶段我校留学生教育发展的目标要求。这一阶段，学校开始由完全依托招生机构，逐渐采取招生机构与在校学生推荐相结合的招生方式。招生模式的调整解决了留学生教育发展第一阶段的问题，但是在学校未获得中国政府奖学金院校资格前，生源种类全部为自费留学生。

招生种类的单一极易受到全球经济大环境的影响，2008年全球金融危机就导致了自费留学生市场出现了很大的波动，经济形势恶化必将对以自费生为单一来源的学校造成直接冲击。

（三）招生结构不平衡，不利于来华留学教育的全面、协调、可持续发展

2011－2015年的"十二五"期间是我校学历学位留学生教育发展的第三阶段，通过不断调整，我校在调整生源国结构和生源层次、专业结构等方面取得了较大进展。截至 2015 年年底，我校在校学历外国留学生达到 1461 人，累计生源国覆盖世界五大洲 103 个国家和地区，研究生留学生比例占在校留学生总数的 15.8%，奖学金生比例逐年提高，生源国和学历生规模数连续 3 年位居东北三省高校及全国医学院校之首。

虽然我校在生源结构调整上取得了一定的进展，但是随着国家缩减临床医学英文授课专业招生名额，专业硕士进行规范化培训等政策的制约，继续加大专业结构调整，开拓博士层次招生项目，开展多元化、多语种的授课项目已经迫在眉睫。

招生结构不平衡的现象目前仍是我国医学留学教育中存在的主要共性问题，也是制约来华医学留学教育的主要瓶颈。通过对来华留学招生管理工作中存在的共性问题进行深入分析，对留学生招生管理模式进行创新已成为当今发展来华留学教育的必然要求。

二、以确保生源质量为前提，创新招生管理模式，实施来华医学留学生招生新举措，实现来华医学留学教育的可持续发展

（一）创新招生管理模式，拓展招生渠道。大力发展奖学金项目，积极申请、充分利用国家、省、市政府奖学金及地方企业单位的支持，设立各类学校奖学金，降低经费来源单一化在金融危机中的应对风险

设立各种类别的奖学金政策是吸引留学生的关键因素之一。奖学金生院校应该充分地利用好这个平台，这不仅是对学校整体发展水平和实力的肯定，也是在各国政府、使馆和国际组织间提高学校国际知名度的一个重要途径。除了国家政府奖学金，各高校应充分利用好地方政府、企业的奖学金项目支持，这是

吸引优质生源，保持留学生规模稳定、全面协调发展的有效途径，同时也是改变留学生经费来源单一，抗风险能力低的一个有效方法。

（二）创新招生管理模式，充分挖掘、整合社会资源，实现学校和社会的双赢

（1）充分发挥好学校所在地的地域优势，使之为来华留学教育服务。各高校应依托地域优势，充分挖掘潜力，利用政府的合作关系、主动与外资或合资企业接触、与当地的国际学校建立合作关系等途径，做好学校的招生宣传工作。发挥学校专业优势，设立外国人感兴趣的课程。

（2）与当地知名出国留学机构建立紧密合作关系，使之掌握的外国学校资源为我所用，进一步扩大学校的国际影响。

（3）充分挖掘国际游学、修学资源，带动学校短期留学项目的发展，把学校的短期项目做大做强。

（4）加大地区高校间的横向合作，充分发挥各自的特点和优势，促成招生生源的整合和延续，建立联合培养的合作方式，化竞争为共赢，带动地区的整体发展。

（三）创新招生模式，充分挖掘学校自身潜在的招生资源，实现招生效益的最大化

（1）继续保持和提高来华医学留学生的教育质量和水平，使其成为留学事业发展的原动力。教学质量是留学生事业发展的生命线，是吸引留学生来华学习的根本。充分利用好学校的教学资源，不断改进教学方法，加强师资培训，以质量求发展，以质量树品牌，口碑相传，扩大学校留学生的潜在市场资源，将是今后发展留学生教育的必然趋势。

（2）严把招生质量关，逐步开展统一的入学考试，确保生源质量。不同国家的教育水平不一致，仅凭各国的高中毕业成绩无法真正筛选出优质生源，设立统一的入学考试将为筛选优质生源提供科学的保障。

（3）积极利用现有的国际交流合作优势，将其转化为招生优势，带动短期留学项目的发展，实现招生的多层次性。

（4）积极利用海外校友、出国培训人员在国外工作学习的机会，使之成为学校的招生宣传力量。

（5）利用好本校留学生的宣传推广能力。

（四）坚持"以人为本"的原则，重视留学生在招生工作中的主体地位，把满足留学生的各种需求作为招生工作的重点，实现留学生教育的全面、协调、可持续发展

学校必须以留学生为中心，把满足留学生的各种需要作为招生工作的重点，进而实现留学生规模的稳定、可持续发展。例如，调整专业结构，增设对留学生有吸引力的专业，满足留学生对医学教育的不同需求；增设除英语授课语言之外的其他授课语言形式，满足母语或官方语言为非英语国家留学生的需要；寻找欧美市场突破口，满足不同国家来华留学的需要，等等。

（五）积极转变思想，主动出击，采取一切手段，加大学校的宣传力度，在激烈的国际教育市场竞争中占得先机

我校积极挖掘自身潜力，充分利用学校"十二五"期间"其震工程"和"英才工程"积累的人才优势，开始加大高端留学生项目的招生宣传工作，重点招收学术型硕士生及博士生。今年博士生招生人数比去年增长了5倍多，取得了显著成效。

三、结语

　　总之，在国际留学教育市场竞争日益激烈的今天，我们必须解放思想，不断创新来华留学生招生管理模式，使之适应国际形势发展的需要。以数量求生存，以质量求发展，最终实现来华医学留学生教育的全面、协调、可持续发展。

多措并举，提质增效

——对来华留学招生工作的思考

（沈阳航空航天大学　吕善楠　于鹤凝）

长期以来，来华留学被视为我国外交工作和教育交流的重要部分，世界各国也将国际教育视为政治大局、人才竞争的战略资源。2010 年教育部印发《留学中国计划》，今年是该计划实施承前启后的重要节点，而"一带一路"战略的提出又赋予来华留学新的机遇与挑战。辽宁省作为教育大省，在来华留学教育方面走在全国前列，根据教育部 2016 年 4 月 14 日发布的 2015 年全国来华留学数据显示，2015 年在辽宁省学习的留学生达到 22 784 人，位列全国第七名，留学规模稳步扩大，生源结构不断优化。沈阳航空航天大学在我国来华留学教育事业迅猛发展的环境下，稳步增加留学生规模，优化生源结构，努力促进学校来华留学工作的开展。

一、明确来华留学定位，更新招生观念与思路

当前，来华留学工作已成为我国政治外交、经济建设和文化传播的重要途径，来华留学规模和质量也被纳入高校国际化建设考察的重要部分。招生工作应紧随形势变化，配合党和国家的大局发展，服务外交战略，国家战略。同时，随着来华留学工作的不断深入和高等教育国际化的迅猛发展，招生人员作

为招收留学生的第一关口，理应最先思考如何把招收留学生与国家发展战略及高校自身发展结合在一起。此外，招生人员也身为教育人员，应该对每一个招收的学生负责，不要把招生视为"一锤子买卖"。

招生人员应在国家相关政策指导下，根据各地区发展情况及高校自身情况，不断更新观念与思路。2010年，国际教育学院启动对我校留学生招生工作影响深远的"全球战略"。在全年在校留学生仅100余人，学院各项国际教育工作不完善的情况下，经过认真分析生源市场和招生形势，采取"非洲为主、亚洲为辅、欧美次之"的招生策略，重点突破。经过几年的艰苦努力，2016年秋季在校留学生超过1200人。"先上数量，再提质量，数质并重"，这是结合我校自身特点成功探索出的一条招生之路。对于留学生数量已经具备一定规模的学校，合理扩大招生规模，优化生源结构，提高生源质量并提高学校在国内外的影响力已成为新的目标与挑战。

二、完善招生服务体系，扩大高校宣传力度

在欧美等发达国家，留学教育产业化的发展已经相当成熟，留学配套设施已十分完善，世界各国也都在绞尽脑汁地吸引优秀国际学生留学。在如此激烈竞争的环境下，如何招收优质国际学生来华留学也应是招生人员日思夜想的问题。在如今各国招生手段和招生渠道层出不穷的情况下，单纯依靠留学中介和守株待兔式的等待生源已远远跟不上留学发展的步伐。只有提供高效、优质的招生服务，利用多种招生渠道，提高学校知名度，才能保证招生工作的顺利开展。

（一）拓展网络宣传渠道

做好多语种网站、APP及其他宣传形式。在信息时代，网

络是最快最及时了解高校的方式。招生人员更应该将网络宣传作为招生的冲锋枪，能否在第一时间打动留学生，提供给留学生齐全的信息至关重要。此外，网络与纸质宣传材料除了包括学校总体情况、科研成果、院系介绍外，也应着重反映国际教育的发展趋势。在设计宣传材料时，应注意素材的丰富性和多样性，避免冗长的文字，有条件的情况下，可以针对不同生源国因地制宜、因时制宜，制作多种宣传材料。

（二）招生要"走出去"

自 2010 年开始，非洲及南亚地区已成为我校主要的生源地。几乎每年，学校都要派出一个团组出去招生，最高纪录是一年三次出访招生，这同时也奠定了我校在非洲、南亚的发展基础。招生工作只有主动出击，才能有"利"可图。此外，参加海外教育展也是一个较好的招生途径。

（三）强强联合，实现多赢合作

除了打好高校的招牌外，区域分布也是留学生决定是否作为留学地的重要考虑因素。省市教育部门与学校联合，兄弟院校相互合作，举办区域性教育展会、组团出访招生、打造省市宣传特色将成为吸引规模化留学的新举措。招生人员应有更广阔的胸怀，博采众长，在共同宣传的过程中取长补短。

（四）学术活动、培训项目和交流项目辅助扩大高校知名度

高校国际化的考察指标不仅仅包括留学生数量，还有其他方面。高校举办学术会议和培训项目会吸引许多关注，招生人员应具有敏锐的意识，借力扩大高校影响力，以短期项目吸引长期生。例如，沈阳师范大学已承办数届商务部主办的发展中国家教育人员研修项目，资助非洲当地的高校行政人员、初高中管理者来华学习教育理念。此类培训项目是国外教育人员最

直接了解高校的途径，也是高校对外宣传的契机。

三、保障生源质量，逐步规范入学标准

据统计，2015 年共有来自 202 个国家和地区的397 635名在华留学生。各国都有不同的教育体制及高等教育入学标准，甚至同一国家不同地区的入学标准也不一样。因此，如何建立一套公平公正的录取审查标准一直是一项难题。

截至 2015 年年末，共有 811 所中国高校招收留学生在校学习。每个学校都有不同的录取标准，学生质量良莠不齐。许多生源国留学生的成绩是按等级划分，没有明确的分数，部分国家对于"及格"的分数设定也不是 60 分。招生人员如何在保证留学生规模的基础上，做到严格把关，规范标准，挖掘优质生源成为一大难题。而学生申请时所提供的学历证明等材料也是真伪难辨。即使在欧美等发达国家，也存在申请材料造假的情况，且造假技术与手段的更新也让人颇为头疼。

因此，招生人员必须了解各生源国教育体制，参考生源国高校录取标准；平衡生源国分布，优化生源结构；根据高校自身开设专业需要，选择优质生源；逐步实现网上面试、入学统一考试等。

总之，来华留学招生工作要有长期的规划和发展，要有预计风险和问题的远见卓识。同时，高质量的教师队伍和稳定的实习、就业市场是留学教育的生命线。作为招生人员，要进一步拓宽视野，规范流程，用心服务，不畏艰难，只有如此，才能保证来华留学教育的稳步推进。

基于俄罗斯新西伯利亚国立技术大学孔子学院的成功经验谈来华留学生的招生问题

（俄罗斯新西伯利亚国立技术大学孔子学院　王婵娟）

俄罗斯新西伯利亚国立技术大学孔子学院 2007 年 4 月同国家汉办签署协议，2007 年 9 月正式运营，中方合作院校是大连外国语大学，2010 年被评为先进孔子学院。孔子学院现有工作人员 17 人，其中俄方 5 人，中方 12 人。目前孔子学院设有 5 个教学点，分布在新西伯利亚市中小学及周边城市，开设基础汉语、中级汉语、高级汉语、会话课、商务汉语、报刊阅读、中国商务礼仪课、小学汉语课、中学汉语课、书法等 16 门课程。

孔子学院成立以来累计培训学员 3500 余人。组织 16 次 HSK 考试，累计考生 2000 人次；成功推荐 150 名奖学金学生赴中国各高校进修及攻读学位；共派出 187 名孔子学院优秀学员来到中国亲身体验语言文化和风土人情；多次组织教育访华活动，对中小学教学进行实地考察；与本土教师合作编写教材及文化读物 5 套；承揽总部主干教材本土化改编及翻译等重点项目 2 项；举办各类文化活动累计 80 余次。

2016 年，俄罗斯国立技术大学孔子学院在国家汉办的大力支持下，在合作院校大连外国语大学（以下简称"大外"）和新西伯利亚国立技术大学（以下简称"新技大"）理事会的正确领导下，在中俄双方教职员工和志愿者的共同努力下，开拓创新，扎实工作，在教学、文化交流、汉语本土化、跨国高等教育合作等方面都取得突出成绩，成功承办全俄大学生汉语桥比赛和全俄孔子学院/课堂联席会议，先后荣获中国驻俄罗斯大使馆教育处和西伯利亚州文化部长颁发的感谢证书。全年工作亮点主要有以下几个方面。

一、打破传统模式，提升汉语教学的吸引力

积极探索和创新汉语教学模式，除开设基础汉语、中级汉语、高级汉语、会话课、商务汉语、报刊阅读、中国商务礼仪课、小学汉语课、中学汉语课、俄汉、汉俄双向翻译课、书法等16门传统课程外，还开设了口语俱乐部、中国厨艺、剪纸、编中国结、泥塑、民族舞、中国象棋、麻将等中国文化活动小组。在开展课堂教学过程中，以书面语和口语教学为主，穿插进行民俗技艺推广，能够寓教于乐，将识字、文化介绍和兴趣培养有机地结合起来，课堂上师生互动频繁，不同年龄、各个层次汉语学习者的汉语学习热情空前高涨，汉语学习人数迅猛增长，2016年全年孔子学院注册学员有1054人、96个班次，同比增长20%以上，创历史增速新高，是2007年9月成立近10年以来学员年均增速的2倍多，与兄弟孔子学院相比，学员人数和班次上也处于遥遥领先的地位。

二、搭建多元文化交流平台，提升中国文化影响力

积极拓展文化交流渠道，通过采取与政府、教育文化部门、新闻媒体等机构合作的方式，向多元化的文化交流平台拓展。全年先后举办全俄层面活动2项，即全俄孔子学院/孔子课堂联席会议、全俄大学生汉语桥比赛；国际研讨会2次，即"丝绸之路"国际汉语教学研讨会、"丝绸之路"国际合作关系论坛；

举办 2 次 HSK 考试，累计考生 724 人次；配合州立、市图书馆、艺术博物馆、音乐学院、老年活动中心、孤儿院等地举办各种文化活动。成功推荐 37 名奖学金学生赴中国各高校进修及攻读学位；派出 30 名孔子学院优秀学员到大连、北京亲身体验语言文化和风土人情；组织 9 名中小学校长，教育官员访华活动，对中小学教学进行实地考察；举办各类文化活动累计 19 次，其中中国电影周、同新西市联合举办的国际图书展、区域中俄文歌曲大赛、孔子学院日等活动影响特别大，HTB、CTC、HBT、РБК 等多家电视台进行了新闻报道，累计电视媒体、报纸报道 15 次，受众人群达到 20 多万人。文化交流呈现出多层次、立体化、全方位的发展态势。西伯利亚州文化部长专门为孔子学院颁发了感谢证书，以表彰新技大孔子学院在文化交流方面所做出的特殊贡献。

三、采取多种举措，大力推动汉语本土化

推动汉语本土化是孔子学院的主要任务之一，也是汉语推广的衍生成果。为加快推动汉语本土化速度，在合作学校的积极配合下，新技大孔子学院创新思路，多措并举，通过加快培训本土教师、编写汉语教材和开展汉语教学研究等手段，不断强化汉语本土化工作。全年举办本土教师培训 2 次，参与本土教师 50 名，共培训本土教师 450 人次；根据师资培训需要，承揽总部重点项目 3 项，包括"翻译、本土改编主干教材" 2 套（"快乐汉语"和"当代中文"）与本土教师合作编写教材 3 套均已出版并在教学中使用。在深入调查研究的基础上，完成了"关于将汉语正式纳入俄罗斯西伯利亚经济区中小学教学大纲的可行性研究报告"，对汉语本土化教学提出系列对策研究，得到俄方和国家汉办的充分肯定。

四、充分发挥桥梁作用，积极推动中俄高等教育合作

孔子学院不仅是海外汉语教学网络的中心基地，深化中外教育合作与交流的平台，更是中外高校深入开展交流合作的桥梁。2016 年以来，新技大孔子学院正在积极促成新技大同新疆大学法学院、新疆师范大学法学院、财经大学经济学院的 2＋2 本科培养方案及研究生层面 1＋1 合作；大外与新技大人文系新闻专业、对外俄语同大外俄语系 2｜2 本科生、1｜1 研究生联合培养双学位、本科生互换等多个合作项目的合作，着力推动中俄双方培养既懂语言又有专业知识的复合型人才，以满足"丝绸之路"发展战略对专业人才的需求。同时，积极推动新技大通过联合培养方式推动其同国内高校高层次、宽领域和全方位的合作，提升毕业生的就业竞争力，扩大新技大的国际知名度。孔子学院主动开展的牵线搭桥活动，深受所在大学校领导的欢迎，校长在学术委员会上亲自给孔子学院中方人员颁发感谢证书。

2017 年孔子学院成立 10 周年。目前，新技大孔子学院中外方合作愉快、互动机制顺畅，各项管理制度健全，师资配备齐全，已发展成为俄罗斯中部知名的汉语教学、本土师资培训、HSK 考试中心、中国文化推广中心，并成为促进中俄友好和深化两国人文交流的重要平台。

在未来 5 年，孔子学院将重在提升教学质量，积极开展各类文化交流活动，扩大受益者范围，提高档次和内涵，力争成为示范孔子学院。

第二部分：抓科学管理，责任与爱心并举

来华留学生教育行政管理问题之探索

（沈阳师范大学　陈永庆）

一、来华留学生教育行政管理状况

自新中国成立以来，来华留学生教育规模不断扩大，为许多国家培养了一大批科技、教育、外交等专业人才。现阶段教育主管部门不断提高管理水平，优化育人环境，探索新的管理模式，但其系统性和国际化程度仍有待进一步提高。

二、来华留学生教育行政管理存在的问题

（一）教育质量评估体系不完善

目前，我国留学生教育基本沿用和中国学生相似或相同的体系，部分院校建立了教学质量监控机制，但其科学化、系统化、国际化水平尚显不足。

首先，对留学生教育质量的重视程度有待提高。对发展留学生教育，有些高校还仅仅停留在为学校创收和扩大招生规模的层面上，教学硬件软件方面的投入明显不足。无法确保留学

生教育的质量得到国际社会的普遍认可。

其次，教学质量管理及监控不到位。我国来华留学生培养的标准仍不够规范和完善，各高等院校对留学生教学的各环节监控力度不够，对教育质量监控缺乏行之有效的措施。

（二）专业学科建设缓慢

我国留学生教育专业学科发展和建设比较缓慢，缺乏吸引力，具体表现如下：

首先，留学生教育的国际竞争力有待提高。从全球留学生的分布状况可以看出，先进的科学技术、文化是吸引留学生的一个重要因素。我国高校在教学及科研水平等方面与发达国家相比尚有不足，因而在留学生教育方面的竞争力还有待于提高。

其次，双语教学发展缓慢。我国双语教学师资力量比较薄弱，课程国际化程度偏低，从而影响了留学生教育事业的顺利发展。

（三）保险体系不完善

由于要求来华留学生硬性投保涉嫌违反公平、平等的原则，导致部分留学生缺乏保险保障，一旦人身或财产受到损害很难得到适当的赔偿。

三、解决对策

（一）完善教育评估体系

教育主管部门应组织相关人员进行国际教育质量标准的研究，更多地向发达国家学习留学生教育质量认证的经验和方法，制订符合国际教育发展需要的教育质量标准，并定期开展教育评估，确保留学生教育质量目标得到落实。

（二）加快专业学科建设

一方面，拓展国际性的学科和专业。根据我国留学生教育发展需要，应改革课程内容和课程结构、不断提高教育教学质量。随着教育教学的国际化水平不断提高，我国的国际影响力将不断扩大，可以吸引更多的海外学子来华学习。

另一方面，加强汉语教学，培养知华、友华、爱华人士。为了便于沟通和交流，留学生的部分课程可以用外语讲授，但像中国历史、文化等课程的教学应该用汉语授课，从而使留学生更好地认识和了解中国，逐渐成为中外友谊的使者。

（三）完善保险体系

教育主管部门应针对现有关于来华留学生硬性投保法律依据不足的问题，结合我国相关法律规定，制订关于来华留学生保险的具体实施细则，形成一套科学合理的保险制度。同时，各高校应提高留学生管理工作人员的保险意识，积极地宣传保险条款，确保留学生的合法权益得到保障。

四、结论

目前，我国来华留学生教育行政管理还存在一些问题，分析并解决这些问题可以推进来华留学生教育行政管理的进程，使其更加科学、更加规范，逐步使留学生教育行政管理与国际接轨，提升我国教育、文化交流的国际形象，使留学生教育事业不断蓬勃发展。

健康无小事——留学生保险工作经验浅谈

（鞍山师范学院　张　萌）

保险是留学生在学校安全稳定学习和生活的基础，而保险工作是一个理论联系实践的工作。自工作以来，在继续推进我院留学生全员保险工作中，我对留学生保险逐渐有了更完整的认识。借此机会，希望能对其他院校负责保险的留管老师们有所帮助。

2007 年，教育部颁发《高等学校要求外国留学生购买保险的暂行规定》（教外司来［2007］1078 号），要求高等院校必须要求来华学习时间超过六个月的国际学生在我国大陆购买团体综合保险，对学校建立来华留学生团体保险制度进行了明确的规定。我院为留学生们选择的是教育部与中国平安合作推出的"来华留学生综合医疗保险"，该保险保费相对低廉，服务项目设计合理，理赔程序便捷，比较符合留学生们的要求。

在对该保险公司的收费标准、赔付金额、保险责任、免除责任和理赔程序有所了解后，在每学期初或短期团组到来的第一天，我院为新生作入学教育的时候，会对保险进行简单的讲解，告知学生如遇到紧急情况，应第一时间通知老师。另外，在新生报到之前，要将保险清单发送至保险公司邮箱，保证学生在落地的那一刻起，他们的平安健康就有所保证。而保险费作为费用收缴的一部分，要在留学生们申请签证之前收取。根据学生类型（学历生、语言进修生、短期）的不同以及学习期限的长短（一年、半年、一个月），收取不同金额的保费（800

元、400元、160元)。同时,为留学生发放保险计划简介(方案二),告知认真阅读相关内容,尤其是免除责任和理赔程序这两部分要特别强调,让学生知道在什么情况下可以得到赔付,在什么情况下不可以得到赔付,对学生的行为起到一定的规范限制作用;让学生知道如何得到赔付,在就医的时候注意相关材料的留存等。另外,要求学生在有"已阅读并知晓相关责任所属"字样的单子上签字。这一做法,对学校可以起到很好的保障作用,以防在遇到特殊的出险时,学校会处于特别被动的一方。保费收取好,汇给保险公司(可以根据报到时间前后分批次汇款),等待寄来的发票和保险卡。在发放保险卡的时候,告知学生扫描二维码查询自己的投保信息以确保每一名学生投保,这样就基本完成了前期的基础性工作。

接下来就是实践性较强的就医部分。自本人工作负责保险以来,前后处理过三次不同类型的医疗情况。第一次是带领哈萨克斯坦籍女留学生去医院就医并完成后续理赔。当时的情况是,该生肚子突然疼痛,前往医院挂号急诊进行彩超检查,急诊医生疑似急性阑尾炎,建议住院医师进一步检查确定是否手术。后转入住院处,进行 CT 检查和验血等,排除急性阑尾炎,后确定为肠系膜淋巴结炎,经过住院输液、48 小时禁食和休息等学生康复出院。从急诊疑似急性阑尾炎到转入住院处,从办理出院手续到最后申请理赔,我们保持与保险公司随时联系,即刻反馈信息,邮寄并发送完整的材料。全部过程中,学校一直处于主动角色,积极帮助学生就医和联系保险公司,让学生的利益得到保障。第二次是处理哈萨克斯坦籍女留学生"意外"骨折事故。之所以称之为"意外",是由于该生翻墙导致骨折,而且在翻墙前喝了酒,翻墙的时候脚穿高跟鞋。接到电话的时候,学生已身在医院,面临决定如何手术的问题。我们与学生家长取得联系后,学生决定在国内医院做简单的石膏处理后,回国进行手术治疗。综合其不符合理赔条件(被保险人醉酒)、自己承担的手术费用比其国内相对昂贵以及术后康复看护问题等情况，我们坚持公平公正的立场，协助学生在国内医院做好石膏处理，并帮助联系航空公司申请轮椅服务，让学生安全回国接受治疗。第三次是韩国籍男留学生在放学骑电动车回家的路上与一辆私家轿车相碰，左脚踝受伤。老师到达现场后，与学生商量决定报案，警察到达后，指出私家轿车的责任占比大，建议双方私了。后私家轿车主人带领受伤的留学生前往就医，老师协助检查治疗。私家车主人支付全部的检查费用、医药费和相应的精神损失费，学生回家休息几天后康复。三次事故，一次是学生自己支付医疗费用后申请理赔；一次是学生不符合理赔条件，回国治疗；一次是事故责任方负全责，没有经过保险进行就医理赔。在全部过程中，学校协助留学生就医治疗，帮忙翻译沟通；保险公司也积极帮助学校，站在学校的角度保障学校和学生的利益。

　　留学生保险是兼有社会保险特征以及商业保险运作方式，处理出险过程，尤其要注意权衡学校与保险公司、学校与学生和学生家长以及学校与医院的关系。健康无小事，此时我们老师不再是他们的管理者，而是充当他们的母亲、父亲和姐姐、哥哥，帮着他们沟通、了解病情，安慰他们身处异乡孤独无助的心，让他们体会到老师一直陪着他们解决困难和问题，看到他们开心的笑脸，也觉得自己所有的努力都是值得的。

浅谈居留证件管理在渤海大学
留管工作中的重要性

（渤海大学　岳素银）

留学生居留证件管理是指留学生来华报到后学校指导并协助学生到当地公安机关申请居留许可（居留许可即留学生在华停留签证）。随着我国高等教育国际化进程的不断推进，留学生教育已经成为渤海大学发展的亮点，留管工作的好与坏决定了渤海大学留学生教育的成功与否，居留证件管理作为留管工作中不可或缺的一环，在渤海大学快速发展的留学生教育管理中越来越重要。

一、居留证件是留学生来华学习的必需手续

根据《中华人民共和国出境入境管理法》的规定，来华留学生必须持学习签证（即 X1 签证）入境，自入境之日起 30 日内，向当地公安机关出入境管理机构申请办理外国人居留证件。留学生来华报到后，渤海大学留管老师会在第一时间指导学生一切有关办理居留证件的事项，包括必要材料、办理期限及不按时办理的后果等，并在后期跟踪督促。由此可见，居留证件是留学生来华留学的必需手续，是能够在华停留的前提条件，是在华学习合法身份的象征。

二、公安机关对来华留学生居留证件管理工作高度重视

随着我国高校留学生规模的不断扩大，近年来渤海大学留学生人数快速增长，公安机关与高校留管部门加强联系，密切合作，采取措施强化出入境窗口服务，对居留证件的受理与审批工作日益严格与重视。公安机关走进高校，在渤海大学校内建立了留学生服务站，在留学生中大力宣传按法律规定申请居留证件的重要性，要求学校留管部门切实做好居留证件的督办工作，杜绝非法居留，并将居留证件督办工作作为学校留管工作的重要考核指标。因此，渤海大学为切实做好留学生居留证件管理工作，设立专项工作人员，综合负责留学生居留许可申请督办及其前期法定程序办理、申办材料检验等工作。

三、居留证件管理可以促进其他管理工作的顺利开展

伴随着渤海大学留学生规模化的发展，留学生国别的多样化越来越明显，特别是非洲国家的留学生人数不断增加，留学生管理工作面临着巨大的挑战。目前，学校留管老师对留学生不论在教学管理还是在日常管理上都有不少难题，如有的留学生课堂上比较散漫，有的留学生不服从住宿方面管理，还有的留学生在按时缴纳费用上存在困难等。这一小部分留学生们不理解我国高校严格的管理模式，但是对居留证件都很重视。按我国法律规定，留学生来华入境后 30 日内必须申请居留证件外，还要按时办理延期手续，据了解高校基本上采取一年期限的申请方式，因而留学生每年都必须要申请居留证件，我校留管部门抓住留学生十分重视居留许可申请的心理，在检验申办

材料时，要求学生提供公安机关必需材料之外的参考材料，如上课出勤记录、缴费收据、无不良住宿表现、不非法就业承诺等材料，让学生们充分认识到申请居留证件的前提是遵守中国法律、遵守学校规定。由此可见，做好居留证件管理工作可以促进其他留管工作的顺利开展，在越来越纷繁复杂的留管工作中发挥着极其重要的作用。

综上所述，居留证件管理工作是高校留管工作的基本，只有做好居留证件的管理工作才能保证高校留学生教育的有序开展，保障学校的良好学习氛围、秩序。以小小的高校留管工作，展现出中国良好的教育环境，优质的大学教育资源，面向世界做好宣传中国的窗口。

小小签证，关乎留学生服务质量大问题

（东北财经大学　王星歌）

对于负责来华留学生签证工作的一线留管工作人员来说，留学生签证工作的复杂性、多样性以及重要性都时时刻刻印在脑海之中。我们知道，签证是一个国家的主权机关在本国或外国公民所持的护照或其他旅行证件上的签注、盖印，以表示允许其出入本国国境或者经过国境的手续，也可以说是颁发给他们的一项签注式的证明。简而言之，签证是一个国家的出入境管理机构对外国公民表示批准入境所签发的一种文件。除履行法律法规明确规定的法定义务外，学校的出入境管理工作成效更多地体现为对留学生提供高效、优质的服务。一方面，可以有效地降低留学生在办理有关签证手续上的时间和成本，另一方面，筛查留学生的出入境违法行为，不仅有利于维护社会公共秩序，也保护了留学生的个人权益。本文将结合留学生签证管理工作，谈点个人的粗浅体会与做法，与各位同仁交流。

一、严把留学生材料的审核关

首先，留学生接收院校的招生部门所接收的学生入学前以及报到时的个人材料，包括报到时的信息采集是否是本人，护照是否有更换或者持假护照者等，均应该严格筛选，建立留学生信息数据电子和纸质档案。对每位招到的学生背景和大致经历都能够心中有数，以方便接下来学生学习以及管理的每个环节都能够查根溯源，得到第一手的信息。而对于证件的审核，始终应该贯穿在报到的每一个环节以及日常管理之中。以本部门为例，新生前来报到的每一个环节和流程都需要持本人有效护照办理，可以说没有证件就"办不了事儿"。可谓"全院提高签证警惕"，这样做的最大一点好处是如果因学生一时疏忽导致错过最佳办理时间（如学校统一办理）或者忘了自己应该及时变更、延长签证时间，在哪一个环节相对应的老师都会及时提醒他/她。因此，签证也绝不仅仅是签证办事员一个人的事情，整个部门的留管工作人员应该齐心协力，时刻绷紧核验留学生的有效证件这根弦，将对学生证件的把握贯穿始终，一定会将失误率和经济成本降到最低。

二、坚持贯彻法律法规的教育

在每个学期开学初，我们都将请来出入境管理部门的警官正式为新生们提供出入境管理法律法规方面的教育。直接请分管留学生来华留学部门的警官来现场进行法律知识普及和教育是必需的，同时也是行之有效的。在对法律法规方面进行教育的同时，请及早与前来讲座的警官沟通，不妨在其中加入实例和现场互动环节，将会更加有信服力和吸引力，让留学生感觉自己并不是泛泛而听，而是有目的，是有利于自己在中国更好地生活和学习的。除此之外，办理签证的老师要紧跟法规和政策的脚步，经常与出入境管理部门沟通交流以获得第一手签证管理方面的信息，多总结经验、吸取教训，定期更新本部门签证信息平台信息，或者通过微信群的方式发布签证提醒和法律规定，多方位，无缝式地签证信息覆盖，不仅减少出入境违法行为，更让遵守中国法律法规的准则深入每一位留学生的内心。

三、完善留学生信息数字化管理

近 3 年以来签证管理工作有所突破，重要的变化还体现在基本实现了留学生信息的数字化管理。在大数据时代，相信每所前进中的高校都陆续在使用信息平台系统。从安装并全面开始使用国际学生管理信息平台系统开始，经过不断地完善和整理，终得如今逐渐完整的留学生信息平台，在这里有招生、缴费、签证、住宿以及教学等各个环节。以签证为例，证件信息管理数据库的建立，对所有在校学习的来华留学生的护照、签证或停留/拘留证件、住宿登记情况进行记录，并及时予以跟踪。对于护照、签证或停留/拘留证件、住宿登记即将到期的学生，可以在系统中设定提醒时间以及自动发电子邮件进行提醒和督查。同时，负责办理签证的老师可将学生名单及时发到微信群通知里面，运用中英文不定期地发放签证提醒通知，对于提醒无效的，会及时跟踪了解情况并在必要的时候告知当地公安机关出入境管理机构进行处置。签证管理工作中要时刻抱有警惕心，防止恶意骗取签证或拖办签证的事情发生。

四、建立留学生"一站式"服务机制

今年，我校与大连市出入境管理局外国人管理科联合在我校设立了外国人服务工作站。为了提升留学生管理质量和工作效率，结合学院实际情况，我们采取一站式服务管理模式，服务站功能集招生、财务、住宿、签证、教学于一体，旨在让学生能够免去奔波和无序，每一个环节都做到井然有序。同时，作为外国人管理的归口单位，外管局也会不定期来服务站指导工作，与学校深入探讨如何进一步提升留学生服务水平，放开传统管理模式的思路，与大数据化时代接轨，真正地解决在留学生管理服务工作中出现的问题，从而提高来华留学服务质量。

近年来，随着我校留学生规模的不断扩大，特别是国别数增幅较大。目前，我校留学生的国别数已达到 100 个，留学生管理工作的难度和复杂度也更加突出。所谓外事无小事，在处理留学生的问题上不但需要我们更多的耐心和细心，作为留管人员同时要时刻把握机会多与兄弟院校沟通交流，吸取经验，选取好的办法应用到实际工作当中。充分发挥大数据时代信息管理平台的优越性，提高签证办理效率、减少资源和经济的浪费。留管工作人员也应当不定期参加由高校留管协会组织的留管干部培训会，多接受业务上的培训，加强自身的修养以及对自我工作的认识，借鉴各家所长，提高自己的业务素质。签证工作中的实际情况要更加复杂，我们在工作中会常常遇到学生出现一些这样或那样的签证方面的问题。届时，对于自己不太熟悉的业务可以通过多与出入境管理部门沟通，多咨询业务办理流程和方法，不断总结经验，以更加成熟的心态，更加熟练的业务来迎接更大的挑战。

以人为本，建立健全留学生教育服务体系

（东北财经大学　张　健　金盈满）

东北财经大学的来华留学教育工作，在教育部和省教育厅的大力支持与关怀下，始终坚持"扩大规模、优化结构、保证质量、规范管理"的工作方针，秉持"以特色求生存，以创新促发展"的工作理念，紧密结合"依托财经院校的学科优势，打造留学生教育特色品牌"的工作目标，不断扩大留学生教育规模、优化留学生结构，创新留学生教育模式，加强软硬件建设，提高留学生教育管理水平，现已形成留学生本科教育、硕士研究生教育、博士研究生教育（含全英文授课）及汉语（商务汉语）长短期进修协调发展的良好格局。

一、面对机遇与挑战，不断创新来华留学教育服务模式

近年来，随着中国经济的迅猛发展，尤其是"一带一路"战略的实施，为来华留学教育事业带来了前所未有的良好机遇。同时，我们也清醒地认识到，随着来华留学生规模、国别、类别的不断增加，也给我们留学生教育管理及服务工作带来了极大的挑战。如何使我们的管理服务工作更加规范、高效、科学，为留学生提供舒适和谐的留学环境，是我们每位从事来华留学

教育管理工作者应该思考的课题。

以东北财经大学为例，近5年来，我校留学生规模一直保持在1000人次以上，2016年留学生国别已达到100个国家。面对如此特殊的来自不同国家、不同文化背景以及不同宗教信仰的留学生群体，原来固有的服务模式显然已不适应新形势的需要。我们本着"转变观念，创新模式，换位思考，服务为先"的留学生管理工作理念，从规范留学生招生咨询、注册报到、住宿手续、办理签证、分班调班、分配导师等流程入手，逐一梳理、细化、打磨，已逐步完善各个流程的规范化、标准化服务标准。同时，还对不断出现的新问题，进行实时修订和更新，努力做到尽善尽美，以适应不断增长的留学生教育事业发展的新常态。为了给留学生提供周到、优质的服务，从2016年9月份开始，大连市公安局外管局在我校设立"外国人服务站"，并派遣警官定期来我校进行安全及有关政策法规教育，为留学生解决有关实习签证方面的咨询及办理相关手续，受到留学生的欢迎。同时，我们也邀请派驻我校的警官不定期到教室检查学生的出勤情况，严把考勤观，树立和营造良好的学习风气。

二、以制度建设为抓手，提升留学生服务内涵

我校设有专门的留学生归口管理部门——东北财经大学留学生办公室，行使从留学生招生录取到教学、住宿、签证、安全和毕业等环节的管理服务职能；与留办合署办公的国际教育学院，行使其教学服务职能。留管部门内部，建有完备的留管体系：形成以留学生班主任、辅导员和项目负责人为主体的，立体化、无缝隙、全天候的留学生管理团队，能够全面了解和掌握留学生的学习、生活等动态信息。并且，专职留学生辅导

员与留学生同住留学生公寓，实行对留学生的 24 小时监控管理；教学部门建有完善的教学跟踪、质量监督体系，通过召开留学生不同类别的座谈会、问卷调查以及听课制度、教师座谈会等形式，全方位了解留学生学习动态，实时反馈教学环节的各种信息，形成一个有效完整的闭环监控体系。

我校多次修订和完善了《东北财经大学接受和培养外国留学生管理规定》，这是我校留学生教育管理的"总纲"，依此分别制定了针对本科、硕士、博士留学生及汉语进修生 4 个管理规定；按年度制作《东北财经大学外国留学生管理手册》；同时，我校还专门制定了《东北财经大学政府奖学金生管理规定》《东北财经大学留学生校外住宿管理规定》《东北财经大学留学生入学签证管理规定》《东北财经大学收费管理规定》等 系列管理制度和规定。此外，《东北财经大学留学生选课细则》《东北财经大学外国留学生本科入学考核办法》《东北财经大学留学生教学命题阅卷规范》《对外汉语教研室工作职责》《留学生教师教学规范》《留学生毕业论文评分标准及要求》及《留学生补考、重修规定》等规章制度，在教学中得到了很好的贯彻执行，并在教学实践中日益完善。

三、建立应急机制，为留学生提供贴心服务

留学生群体的特殊性不仅表现在结构多样化、文化差异化，也表现在类别复杂化和很难掌控的信息动态化。为此，我校建立了留学生突发事件应急处置工作领导机制，专门制定了《留学生安全稳定工作预案》，有效预防、及时控制和妥善处理来华留学生突发事件；专门设立留学生法律纪律教育体系；关注和分析国内外局势对留学生群体的影响；关注重点人员行动，及早进行干预；严格监管和密切关注留学生的学生组织和群体行动；建立信息交流机制，形成协同效应；进行安全检查，开展

消防演习活动，树立安全隐患意识。加强入学安全教育，帮助留学生学会自救，增强安全防范意识，使每位留学生掌握常用的急救方法和求救电话，为留学生新生印制了引导卡，随身备用。此外，不定期召开专门的留学生安全稳定工作会议，要求班主任和辅导员要经常与留学生及时沟通了解情况，树立忧患意识，将突发事件的发生降到最低限度，将突发事件的影响降至最低，为留学生提供 24 小时"全天候"服务。

为及时有效地掌握留学生的动态信息，我们采取从留学生入学报到开始，直至学习过程，由班主任负责对留学生的相关信息进行登记，并由办公室将相关信息及时汇总，包括留学生的自然信息、家庭永久住址、家庭成员情况、通信联络方式以及护照、签证、住宿等信息及其变更情况等信息录入到留学生管理信息系统便于管理和及时查询，并每月通报留学生的考勤情况。同时，对留学生校内外住宿建立了一整套询问、走访等联络机制；对留学生在教学、教师、教材及住宿、签证管理等环节的诉求进行实时跟踪，发现问题及时解决，为留学生提供人性化服务，做到精准服务，有的放矢。

教育部部长陈宝生同志到广西大学调研时曾发表讲话称制度决定成败。我们也将不断完善留学生各项相关管理制度，做到管理上有章可循、有据可依，以面对新形势下来华留学教育所面临的挑战和机遇，为来华留学生提供舒适、和谐的留学环境，为实现《留学中国计划》提出的到 2020 年来华留学生人数达到 50 万人的目标，尽我们每位留管干部应尽的职责和作出应有的贡献。

留学生日常管理问题探究

——以沈阳航空航天大学为例

（沈阳航空航天大学　徐丹伟　赵　润）

随着我国国力日渐强盛，越来越多的外国留学生来到中国求学。仅以沈阳航空航天大学为例，就有来自 70 个国家和地区的 1200 多名留学生在此就读。他们中有学历生、交换生、语言生及预科生。他们的到来给各高校增添了色彩，也增加了收入。但与此同时，由于文化冲突、身体条件差异等原因，各类生活、学习中出现的问题也比比皆是。本文以沈阳航空航天大学为例，探讨留学生管理中的一些经验、教训，以便为未来的留学生管理工作提供借鉴。

一、留学生入学注册及学费收缴

从新生在线提交申请到留学生入学学籍注册完毕我校实现了流程化办公，系统化操作，各个环节相互沟通，共同完成新生接待任务。新生被录取入学接到通知书登机来华后，可依照通知材料在公寓完成临时入住，使其在沈航有落脚点。住宿完成后需要第一时间持有效证件及录取材料到学生管理办公室报到并领取一份入学注册须知文件袋（袋中准备了保险、留学生手册、常用汉语中英文对照手册、学籍注册流程单等相关材料），办公室前台注册老师会明确告知学生注册所需的材料及相关流程，学生完成系统登记注册后，本人需将入学注册三份表分别递交到教务办公室，领取课表和完成开课准备；公寓办公室完成正式入住手续。在完成入学注册的同时，我们会组织安排新生前往属地派出所完成临时住宿登记；第二天，组织学生前往当地检验检疫局完成体检；第三天，学生需缴纳当年学费，寝费及保险费，完成缴费后，学生需持缴费收据到学生管理办公室完成最终的学籍注册并转换签证，这也意味着该新生已顺利完成了在校及当地机关的注册。在学生缴费期间，时常因为汇款信息错误、错打入人民币账户等造成无法及时缴费的情况，我们在帮助学生变更信息的同时，会及时与家长联系核对事件的真伪，如果确实是汇款问题，我们可给予适当担保，先行变更签证，如果是恶意欠费，我们将依照《中华人民共和国出境入境管理法》相关法规和我校相关规定给予学生劝退处理。2015 年至今，以尼日利亚和津巴布韦为主的国家留学生汇款到中国十分困难，我校考虑到学生的实际情况，帮助学生延长了缴费期限，使其学业不受费用缓交的影响。

二、留学生突发事件的处理

突发事件主要分为自然灾害类突发事件、刑事类突发事件、治安类突发事件、意外伤亡类突发事件、精神疾病类突发事件、公共卫生类突发事件、重大国际类突发事件，按其程度的轻重大致分为一般事件、较大事件、重大事件和特别重大事件四个等级。随着在校留学数量的不断增多，相应的突发事件也随之上升，面对各种突发事件和量变带来的各种新问题，在总结经验的同时，我校形成了一系列应对策略，制定了沈航突发事件应急处置预案。我校突发事件中主要是一般和较大事件为主体的意外伤亡类、治安类和刑事类突发事件，根据这种实际情况，我校本着以事前防范、分工明确、快速处置、保障医疗、以人为本、减少危害为原则开展工作。从学生启程来华的行程预定、接机，到来校报到后的安全教育、新生教育大会、开学典礼、消防演习等一系列安全教育活动措施，我们随时都在关心学生的安全，以防范突发事件为第一要务。一旦有突发事件产生，我们会按照事前制定的突发事件处置预案，按照对应事件的级别，进行上报和处置，从接收突发事件信息到向上报告再到向下分派任务，快速准确的处置是处理突发事件的必备前提。我校特别为伤亡类突发事件建立了对应国别的留学生志愿者、留学生学生会、中国大学生志愿者和医院专业护工等四位一体的护理体系，为留学生的医疗保险和身体健康保驾护航。

二、留学生的业余文化生活

无活动，不精彩。大学校园需要打造具有丰富特色的学生活动，这更加需要留学生的加入。这也是加强中外文化交流，创造和谐国际化校园的必要条件，是使留学生认可我们、加入我们、帮助我们、融入我们的必要前提，是使中国学生了解不同国际文化，开阔眼界的最快捷径。为了使来自不同国家、不同文化背景的留学生迅速融入当地生活，每学期我们都会组织多姿多彩的课余文化活动。针对新生，我们还会专门组织他们到沈阳市内参观，旨在让新生能快速了解并适应沈阳的风土人情，了解与留学生日常生活相关的办事地点和交通方式。通常，在春季学期，我们会举行运动会、拔河比赛、篮球赛、足球赛等活动，秋季学期举行迎新晚会、唱歌比赛、排球比赛等活动。另外，每年 5 月份我们还会组织大型的国际文化嘉年华活动。此活动是一个以各国风味美食、传统服饰、音乐舞蹈等元素为载体的多元文化展示与交流平台，是在校留学生们展示自己国家风俗特色的良好机会，也是加强中外友好往来的一条纽带，自 2014 年首次举办到今年已是第三届，该项活动已在中外学生及老师群体中收获了很高的评价与反响。同时，我们还会在文化气息浓厚的中国传统节日期间举行相应的活动，如端午节组织学生包粽子，春节期间包饺子，通过各式各样丰富的活动，让留学生感受到不一样的文化气息。这其中更是有大量的中国学生加入，形成了一个志愿服务团体，积极营造丰富的沈航校园国际文化氛围。

四、留学生的违纪处理

以"爱"与"严"相结合为工作原则。来华留学生由于语言水平、文化背景、生活习惯等诸多方面的不同，造成了学生对纪律处分和思想认识上的差异。沈航留学生主要来自非洲和南亚地区，涉及宗教主要为伊斯兰教、基督教和佛教。在尽可能给留学生提供更好的学习和生活条件的同时我们也将"严格管理，遵纪守法"这一理念通过新生教育大会、开学典礼和班主任的历次班会传达给每一位留学生。每一届的新生都是我们宣传纪律的重要对象，我们都会将学校关于纪律处分的内容十分严肃认真地告诉学生。我校对于留学生违纪情况参照《沈阳航空航天大学学生管理规定》《沈阳航空航天大学留学生手册》和《沈阳航空航天大学留学生违纪处分办法》等相关规定，全面细致地规划了学生违纪后的处分轻重。学校维护留学生的合法权益，同时留学生有遵守法律、法规和学校各项管理规定的义务。留学生在沈阳航空航天大学学习期间日常行为分满分为五分，被处罚超过五分者给予开除学籍处分，必要时追究相关法律责任。此规定适用于所有在沈航学习的在籍以及非在籍短期或进修的留学生，留学生受到处分减分后可通过加分政策加分。正是基于严格的规定及全体教职员工的严肃、认真和负责的态度，使得初到新环境的留学生在这种热情严肃的环境中快速找到其所需要面对接下来学习生活的必要态度。这种环境的塑造是全体教职员工齐心协力共同完成的。

留学生的管理需要爱心，所谓大爱无疆。各国留学生带着父母的殷切期望来到我国寻求更好更专业的教育，我们有责任，有义务教育好他们，为培养出更多的知华、友华、亲华的留学生这一目标而努力工作。

以语言文化活动为突破口的高校留学生教育管理模式研究

（沈阳师范大学　张　伟　崔宁宁）

留学生教育不但能促进国际交流、传播本国文化，而且对培养友华人士，提高本国的国际地位等也起着不容忽视的积极推动作用[①]。我国高校留学生教育管理工作正面临着巨大的机遇和前所未有的挑战。

随着世界经济全球化和文化多元化进程的逐步加快、我国综合国力的日益强盛、高等教育国际化的进一步推进和"汉语热"的持续升温，近年来，我国留学生数量、国别及层次等均在逐年提升。[②] 然而，随着留学生来源不断扩大，数量不断增多，留学生教育管理工作也出现了越来越多的问题，如由于文化差异、学习目的差异和语言障碍等，留学生和中国人之间以及留学生之间的交流都比较少，这样就容易出现"文化休克"[③]

[①] 可参见许琳（2006）、崔希亮（2010）、栾凤池和马万华（2011）等。

[②] 据教育部发布的数据，2014 年全球已有 203 个国家和地区的377 054名各类外国留学人员在我国（不含中国港、澳、台地区）的 775 所高等学校、科研院所和其他教学机构中学习，比 2013 年增加 20, 555 人，增长比例为 5. 77%。同时，自费生和高学历的留学生也在逐年增长，汉语国际教育教师更加专业化，办学方式更加多样化。请参见中华人民共和国教育部官方网站：http：//m. moe. gov. cn/xw/xwfb/201503/t20150318 _ 2522. html.

[③] 指进入到不熟悉的文化环境时，因失去自己熟悉的所有社会交流的符号与手段而产生的一种迷失、疑惑、排斥甚至恐惧的感觉，请参见曲延朝（1999）、张美云和刘开南（2007）、安然（2009）、杨颖（2012）等。

等消极的情绪，既不利于教育管理，也不利于中外交流。探索出一种更加规范、更加高效的留学生教育管理工作模式，是高校留学生教育管理工作中亟待解决的关键问题。

沈阳师范大学属于普通高校，从全国范围来看，既不地处繁华的"北、上、广"，也不属于"985""211"。但是，我们自1985年招收留学生30年以来，一直非常重视留学生的教育管理工作，特别是近两年，我们围绕"语言文化活动"这个突破口，从制度建设、品牌活动打造、竞赛和就业指导等方面入手，以活动促进交流，以比赛带动学习，取得了良好的成效。

一、注重制度建设，纲举目张

规章制度是社会成员共同遵守的办事规程或行动准则。沈阳师范大学在对留学生进行教育管理方面，十分注重规章制度的引领作用，从培养方案、管理制度和奖励制度等方面凸显语言文化活动这一突破口，纲举目张。

一是推进"语言＋文化＋技能"的留学生培养模式。从课程设置情况来看，现有的很多培养单位都以学生在单位时间内的词汇量和HSK通过率作为评判教学质量的评判标准，这样就会使大多数留学生缺乏参与语言文化活动和社会实践的机会。因此，我们在修订培养方案时，将中国文化教育和中国文化实践活动列入课程体系①，占总学分和总课时的20％以上，使语言文化活动常态化、制度化，确保留学生每周都有参加语言文化实践活动的机会。

二是落实中外学生的趋同化管理。教育部2010年颁布的《留学中国计划》要求："来华留学人员与我国学生的管理和服

① 张坤（2014）将这种课程设置比喻为从"桌餐"向"套餐"进而向"自助餐"的转变，是很准确的。

务趋同化。"我校积极落实趋同化管理理念，将外国留学生和中国学生同等对待，如提前上课时间①、实行考勤制度、促进中外学生的互动交流等，要求留学生和中国学生一起开展社团活动和语言文化活动，办社团、交朋友（结对）、搭台表演，鼓励高年级的留学生和中国学生一起上课，促进中外学生情感交流，增强留学生的归属感，真正落实高校教育国际化，让留学生真正体验中国校园文化和管理文化。

三是募集社会资金，设立奖助学金，制定奖励制度。我们广泛募集社会资金，设立"振蕙"校长奖助学金②，用以奖励那些综合表现优秀、学习成绩优异、积极参加活动或做出突出贡献的学生。这样不但能够鼓励优秀留学生，而且可以发挥他们的模范带头作用，激励其他留学生积极进取，创先争优。

二、打造品牌活动，反响强烈

在趋同化管理理念的指导下，我们鼓励留学生和中国学生一起组织语言文化活动，每项活动的开展都做到学期有计划，工作有分工，实施有方案③。以语言文化活动为突破口，以传统节日、地域文化和时事热点为契机，形成了几个比较有影响力的品牌活动。

（一）"汉语角"等社团活动

社团活动是中外学生交流的重要阵地。沈阳师范大学中外

---

① 这里的提前是针对很多国家"朝九晚五"的工作时间来说的，中国高校的第一节课开始时间一般在 8 点至 8 点半之间。

② 我校"振蕙"校长奖助学金的设立源于沈阳金力美实业有限公司董事长金振镐先生和李仁蕙女士的捐赠，并因此命名。

③ 每次活动都经过全体管理人员和相关教师的讨论，制订详细的计划，明确活动的目的、意义和欲达到的效果。同时，在活动结束后还会对活动进行总结和评估。

学生共同组成的社团有汉语角、书法协会、武术协会、电影协会、足球协会等，其中汉语角的影响力最大。

在汉语角社团里，中外学生不分彼此、没有隔阂，有的是快乐、感动和对汉语言文化的执着和热爱。该社团的常规活动是中外学生的汉语交流，每周三晚上举行，先后举办过中文歌曲大赛、汉字听写大赛、汉语角协会会徽设计大赛等比赛及汉语辩论会、诗歌朗诵会等活动，开展过中国婚礼文化、中国吹画艺术、中华民族服饰、中国面人艺术、中国绳编艺术、中国剪纸等中国文化体验，还组织过辽宁省红帽子乡小学系列社会实践活动。这些活动人文性、丰富性、持久性在辽宁省引起了强烈反响，给其他社团起到了示范作用，2013 年被评为"辽宁省十佳优秀社团"。

（二）我与节日有个约定

围绕节日，向学生介绍每个节日的由来，讲述与之有关的中国故事，体验中国节日文化。端午节时，包粽子、品粽香、结彩绳、话屈原；中秋节时，赏明月、吃月饼、看歌舞、讲民俗；过春节，留学生在中国师生家中过大年。2015 年，我们还组织了 6 名留学生到新宾满族自治县清朝发祥地赫图阿拉古城农家中过大年，该活动在中央电视台国际频道进行了全球直播。

（三）传统文化和地域文化体验

在传播中国传统文化、培养文化情感方面，我校始终坚持倡导留学生"赏传统乐器、品中华茗茶、学毛笔书法、习太极拳法、唱民乐京剧、跳民族舞蹈"，体验中华传统文化，学习中华才艺。此外，我们还带领留学生体验辽宁的地域文化，如走进岫岩体验玉石文化，走进朝阳体验红山文化，走进新宾体验清朝文化等。

（四）校园精品"热点微博会"

为了促进中外文化的交流融合，我们围绕时下热点，搭建多个别开生面的"微平台"。例如，利用上海世博会的契机举办了"校园版世博会"，引起了众多媒体的关注，受到了广大留学生的欢迎。之后举办的了"食博会"和"游博会"带领留学生们一起制作、介绍、品尝各国美食，帮助留学生了解和游览了世界著名的自然和人文景观，均产生了很好的效果。

（五）"汉"艺馨香·"语"动四洋

该活动起源于我校独自举办的中外友好文艺汇演，用文艺演出的方式，展现外国留学生在中国收获的知识，以及中国大学生对国际友人的情谊。每年我校国际教育学院选择校内一两个学院，如戏剧艺术学院、外国语学院、音乐学院、文学院等进行合作，共同举办庆圣诞、迎新年的联欢晚会。2013年，与沈阳航空航天大学共同举办了留学生新年联欢会，2014年发展成了与辽宁大学、沈阳师范大学、沈阳航空航天大学、沈阳医学院等沈北四校共同举办留学生迎新联欢晚会。

三、提倡"以赛带学"，成绩显著

留学生的语言文化竞赛在很大程度上可以反映高校留学生教育管理的质量和水平，它能够激发各国青年学生学习汉语的积极性，增强世界对中国语言与中华文化的理解，已经成为留学生和国外大学生学习汉语、了解中国的重要平台。[①] 近年来，语言文化竞赛的影响力正逐年提升，活动的类别和形式也越来

---

① 请参见陈至立（2014）和汉办网站 http：//www. hanban. org/chinesebridge/node _ 7489. htm。

越多，也正在受到越来越多的关注。

我校一向积极采用这种"以赛代学"的方式，鼓励和帮助学生参加各类语言文化竞赛，不仅参加"汉语桥""汉语大会"和辽宁省举办的外国留学生汉语大赛等，而且还积极参加校内的语言文化比赛和各种单项比赛，如作文竞赛、诗歌朗诵比赛、歌曲才艺比赛和辩论赛等。

对于参赛选手，我们不但给予资金支持和奖励，而且对参加比赛的同学实行一对一辅导的"导师负责制"，强化语言文化知识等方面的训练。语言文化赛事具有集知识性、竞赛性、时代性、趣味性、娱乐性等于一体的特点，能够极大激发留学生对汉语和中国文化强烈的学习兴趣，使留学生在快乐中学习，真正地享受"快乐汉语"。

2011 年至 2013 年，我校有 6 名留学生进入"汉语桥"在华留学生汉语大赛总决赛，其中 3 名同学分别获得第四名、第六名和第八名。2014 年，我校 3 名学生闯进"汉语桥"全球外国人汉语大会总决赛，其中美国留学生黄小猫获得第三名。2014 年，在辽宁省首届外国人汉语大赛的总决赛中，我校有 3 名留学生进入汉语高校组前十名，分别取得第二名、第四名和第九名的好成绩。

四、扩大媒体宣传，卓有成效

宣传工作肩负着宣传、动员和服务等职责，对单位的可持续发展具有强大支持和保障功能。近年来，我们不断加强对外宣传意识，在加强学院门户网站和微信平台建设的同时，十分注重与校外媒体的联系，创造更多的宣传机会。

在信息化日益发达的今天，越来越多的信息需要通过网络平台传递。我们注重网络和微信平台的建设，进行时事报道和广泛宣传，坚持实时更新。这不但给我校师生提供了及时的信息和交流的平台，还达到了通过在校师生和社会各界进行广泛宣传的目的。

在一些常规课程，如阅读、口语、写作等课程中，我们增设了学院新闻选读部分，让留学生阅读、复述我们学院网站的新闻报道或与我校相关的新闻报道，甚至对相关新闻进行报道。例如，对在各种比赛中获得优异成绩的同学的及时报道，对文化体验活动的全面报道，对优秀教师的介绍和宣传等。这样，既能提高留学生的学习兴趣，又能让留学生们更加了解学院，培养留学生热爱汉语、热爱母校的情感，一举多得。

此外，我们还正在逐步扩大与校外媒体的联系，力争在报纸、电视、网络等媒体上广泛宣传我校的国际教育交流和来华留学工作，展示我校高等教育国际化工作所取得的成果。例如，我校富有特色的留学生活动和取得的成绩受到了中央和地方媒体的广泛关注，得到了人民日报、人民网、新华网、中央电视台、香港文汇报、辽宁日报、今日辽宁等媒体的多次报道，仅在《辽宁教育国际交流》一种期刊上就刊登稿件二十余篇，实现了学校影响力和知名度的进一步扩大。

综上所述，沈阳师范大学围绕着"语言文化活动"这一突破口，设立了语言和实践并重的培养方案，实施了中外学生的趋同化管理，全力打造了几个有影响力的品牌活动，鼓励并支持留学生广泛参与各类语言文化竞赛，利用网络和媒体等进行积极的宣传等，已经形成了较为成熟的留学生教育管理模式。

对留学生而言，丰富多彩的语言文化活动，不但能够充实业余生活，调动学习积极性，使语言能力、文化知识、中华才艺等方面得到全面提升，而且能够促进文化认同，增强友华情感。

对培养单位来说，开展中外语言文化活动，有利于加深中外学生对世界多元化文化的了解，提高教学水平和培养质量，实现有效管理和高效管理，促进高校教育国际化，扩大高校的影响力和知名度。

　　从中外交流角度来说，语言文化活动可以提供国际交流的平台，有利于加速汉语走向世界的进程，推进国际友好交流事业，促进世界多元化发展。在我校留学生校友会对留学生毕业去向的跟踪调查中，我们发现凡是至今仍从事中外交流、成为中外友好使者的毕业生，大都中国文化知识丰富、文化底蕴深厚、对中国有着深厚情感。

　　当前，我国正处于"多层次、宽领域的教育交流与合作"时期①，以语言文化活动为突破口的留学生教育管理，不但有利于提高留学生的培养质量，而且有利于加快高校教育国际化进程，推进国际友好交流事业，对留学生的培养、培养单位的发展和国际交流都具有深远的意义。

---

　　① 请参见《国家中长期教育改革和发展规划纲要（2010－2020）》。

外国留学生跨文化心理
适应实证研究与策略

——以沈阳师范大学为例

（沈阳师范大学　王　蕊）

随着中国经济和社会的发展，中国对世界的影响越来越大，外国留学生大量涌入中国，每年以 10% 以上的比例递增。2013 年来华的外国留学生数量突破 35 万名，2015 年外国留学生数量已突破 39 万名。教育部相关负责人预测，到 2020 年，中国外国留学人员数量将达到 50 万名。来自世界各地的外国留学生在中国学习与生活期间因文化差异而引发的跨文化适应问题逐渐增多，这一问题逐渐引起留学生教学管理者及研究者的关注。

一、理论综述

一个完整跨文化心理适应的过程包括"文化适应"和"文化再适应"两个阶段，同时包括心理适应和社会文化适应两个维度。社会文化适应是指适应当地社会文化的能力，能与当地文化群体进行有效接触。心理适应是以情感反应为基础，指在跨文化接触中的心理健康和生活满意度。

（一）心理适应

来华留学生的心理适应主要指其个性特征相互配合，适应中国社会和学校环境的能力，主要表现为在校生活期间的心理健康和生活满意度两个方面。留学生们来中国学习语言，攻读学位，他们的教育日益受到各方的高度关注，他们的心理健康问题逐渐被发现，而他们的心理健康与身体健康和中国的教育关系很大。如果留学生的心理健康问题不能及时解决，就会影响他们的心理健康，导致孤独症等问题层出不穷，严重的还会影响人际交往。所以，留学生的心理障碍是必须重视并亟须解决的问题。

在关注不同国家留学生的同时，还应讨论他们的国家与中国的历史关系、文化交流的形成、发展和历史过程等文化背景。因此，加大对外国留学生的心理健康督导，进一步优化留学的环境，为留学生提供广阔的发展平台，这样才能吸引更多的留学生来中国留学，从而加强中国和其他国家的经济义化交往，加大中国和其他国家的人才交流，让中国的国际地位进一步上升，让中国的国家形象进一步提升。

（二）社会文化适应

社会文化适应其实包含着社会适应与文化适应。来华留学生的社会文化适应就是在华留学生与所在校园中的其他群体在文化与社会方面的冲突与认同、适应与融合的过程。留学生来中国学习接触到与他们原先不同的文化——中华文化，原先习惯化的生活方式、行为和价值观等受到冲击，导致他们的认知、行为和情感发生了变化。

社会文化适应对留学生来说是一项艰巨且痛苦的历程，在适应过程中会遇到许多问题与障碍。其主要表现在思想观念适应、学习适应、语言适应、生活适应和交往适应的过程中，需经过一系列的认知、情感和行为的变化后获得平衡。比如，外国留学生来中国后亲自感受到中国的经济发展状况，改变了"中国是个落后国家"的想法；体验了中国人的友好和热情，改变了对中国人不好的刻板印象。在学习过程中，碰到语言沟通、教学理念、方式方法的差异导致他们不理解时，他们学会遵守学校的规章制度，尝试着用中文与老师沟通或间接委婉地向教师提出教学意见，而不是用英文与教师沟通或直接提意见，会主动与中国内地学生交往以促进语言学习和了解中国社会文化。对大学来讲，接受外国留学生是营造国际化校园多元化发展的必要条件，对高校国际化发展具有积极的促进作用。

二、调研基本数据分析

我校自 1985 年始开始接收外国留学生，至今已接收来自 60 多个国家的 8000 多名外国留学生，2016 年我校接收来自 62 个国家的 1200 余名外国留学生。其中包括长期生、硕士研究生、本科生、语言生及其他学生（专科生、预科生等），留学生各层次人数均呈现上升趋势。来自韩国、俄罗斯、蒙古国、印度以及中亚一些国家的留学生人数居前列。

目前，我校外国留学生分别在学校的 16 个学院，32 个专业学习，全部为汉语授课。我们向 60 名外国留学生发放了调研问卷，回收 55 份。55 人来自 25 个国家，年龄在 18～35 岁之间，其中长期生 25 人、硕士研究生 10 人、本科生 10 人、语言生 10 人。

总体情况：85％的留学生适应中国教育系统，仅有 3.5％的人不适应，还有 11.5％学生不确定；95％的留学生对在我校学习生活满意，仅有 1.5％的留学生不满意，3.5％的学生不确定；关于心理适应性，94.5％的学生不存在心理不适应性，仅有 5.5％的学生有心理障碍；在生活上，有 93.5％学生不存在生活不适应性，仅有 6.5％的学生认为有生活上的不适应问题。

三、分类分析

（一）外部环境

1. 社会环境

调研数据显示，75.5％的留学生认为中国文化与本国文化有明显差异，16.5％的学生认为没有差异，8％的学生认为不确定。说明中国文化的确与大部分来华留学生的国家文化不同，这可能是吸引他们来华的一个重要原因，同时也可能是造成他们产生不适应性的原因。其中，认为没有差异的国家留学生主要来自韩国、蒙古国，因这两个国家与中国领土接壤，两国边贸和人民交往频繁，使中国与他们国家的文化融合性比较强，差异小。

2. 社会交往

调研数据显示，65％的留学生外出时知道如何与中国人沟通，29.5％的留学生外出时不知道如何与中国人沟通，5.5％的学生不确定。因为我校基本用汉语授课，来华留学生中有部分学生享受中国政府奖学金、孔子学院奖学金，汉语基础相对比较好，大都能够听得懂中国人讲话，但零基础的语言生，可能是因为学习汉语时间较短，仍然在沟通上存在问题。数据显示，25％的学生很少单独出学校，希望与同学结伴同行，担心沟通上有解决不了的问题。

3. 交通问题

数据显示，85.5％的留学生不担心中国的交通问题，10.5％的学生认为中国交通有问题，4％的学生认为不好确定。数据说明，大部分留学生对中国的交通比较满意，对生活不会产生什么影响。这说明中国大城市的交通比较便利，外国留学生乘车不会感到困难。

4. 气候环境

数据显示，80.5％的学生适应中国气候，14.5％的学生不适应中国气候，5.5％的学生不确定。例如，有韩国留学生、日本留学生常年戴口罩，甚至在室内也不肯摘口罩，总是担心污染会对健康产生不利影响。尤其是天气不好时，感觉很糟糕。还有来自热带非洲地区的留学生，面对沈阳寒冷的冬季不知所措，不知如何穿戴。这说明气候的不适应的确会影响外国留学生的心理，尤其是雾霾天气，不仅给市民带来问题，同样会影响到外国留学生的生活。

（二）内部环境问题

学校环境方面的数据显示，97％的留学生认为教师友好和容易接触，只有2％的学生不同意，还有1％的学生不确定。57.5％的学生认为，课堂负担不重，29％的学生认为负担重，13.5％的学生不确定。近六成学生说不重，近三成学生说重，在汉语言专业学习的留学生大都感觉教学任务不重，在其他专业学习的留学生感觉教学任务重。这说明学校课程安排比较合理。关于与中国学生交往，85.5％的外国留学生认为容易与中国学生交往，只有9.5％的外国留学生认为很难与中国学生交往，还有5％的外国留学生不确定。说明八成以上的学生愿意与中国学生交往，希望了解更多的中国文化，对学习汉语有兴趣等。

关于参与更多的学校社交活动，有91.5％的学生愿意参加，3.5％的学生没有意愿，5％的学生不确定。数据说明，九成以上的学生愿意参加学校组织的社交活动，如在我校体育运动大会上积极参加开幕式及闭幕式，并在各类比赛项目上都有突出表现，在春秋两季的郊游中也都积极参加并且非常守时、守律。

关于中国的饮食问题，70.5％的留学生习惯中国饮食，

23％的留学生不习惯中国饮食，6.5％的留学生不确定。不适应中国饮食的留学生，主要是信仰伊斯兰教的留学生和信仰印度教的学生。所以在组织活动的时候，我们会对这样的外国留学生有特殊的考虑和照顾，准备穆斯林餐和素食餐。在日常生活中，这些留学生们会在宿舍厨房自己准备餐食。

（三）个体因素

个体认知是影响本人适应中国文化环境的重要因素。语言适应问题是指初到一个新的国家，在口语交流和阅读方面的问题。调研数据分析显示，75.5％的留学生没有强烈的孤独感，12.5％的留学生有强烈的孤独感，10％的留学生不太确定。12.5％的留学生有强烈的孤独感，是由于生活落差感，原来生活在家人和朋友周围，相互关心，一下子进入陌生环境，语言不通，因没有朋友而产生孤独和寂寞感。如果学校营造一个环境，使他们参加更多的交流活动，尤其是与中国学生一起交流，随着时间的推移，可以减轻或化解他们的心理不适应性。

38.5％的留学生认为最困难的是中文，52.5％的学生不认为最困难的是中文，9％的学生不确定。说明近四成的外国留学生认为中文水平会影响他们的生活、学习和融入社会，反映出他们的忧虑。

关于价值观问题，63.5％的留学生认为中国的价值观与自己国家的有明显不同，27％的学生认为没有什么明显区别，9.5％的学生不确定。由于价值观不同，外国留学生判断问题和解决问题时，就会产生中外差异，甚至冲突。因此，在与国外学生沟通时，我们应注意各国的价值观问题。

关于个人安全问题的认知，87.5％的留学生认为，在紧急情况下能找到帮助他们的人，我校的外国留学生在紧急情况下会给自己的班主任老师或国际教育学院留学生办公室的老师打电话求助，10％的学生不确定，2.5％的学生不同意。说明八成以上学生有安全感，与任课教师和自己的同学有良好的联络交流关系，这有助于他们增强坚持在中国学习和生活的信心。

四、留学生跨文化心理适应的建议和策略

（一）树立跨文化管理理念，坚持"以人为本"原则

党的十八大强调"注重人文关怀和心理疏导，培育自尊自信、理性平和、积极向上的社会心态"。留学生的跨文化适应教育应体现"以人为本"，采取人文精神的教育理念帮助他们缩短和渡过跨文化适应期，使他们在我国能开心生活并顺利完成学业，培养来华留学生知华、友华、爱华的情怀。例如，我校俄罗斯留学生安娜在中国突发急性阑尾炎，情况非常紧急，国际教育学院办公室老师和班主任一起陪同学生做各项检查，直到半夜开始手术，期间学院院长、书记、副院长分别看望陪同。在她住院期间，学院教师、管理人员和同学们多次去医院探视、慰问。积极为留学生营造宽松的学习环境和相互包容、交流沟通的人际环境，为他们提供发展的空间和舞台，让学生对学校有一种认同感、归属感和荣誉感。

（二）健全制度，规范高效

切实加强留学生的日常管理，做好留学生入学教育工作。进一步建立健全留学生教育管理的各项规章制度，完善各项工作的流程和规范，加强对留学生的教育，从制度和规范上约束和引导留学生养成良好的学习习惯，适应中国的留学生活。同时，做好以下几方面的留学生入学教育工作。

1. 生活适应教育

我校专门为每位外国留学生准备了留学生手册，手册内容涵盖入学报到、银行、住宿、餐饮等各方面的信息。

2. 法律法规教育

我校在外国留学生入学的第一周就开展新生的入学教育工作，内容不仅仅有校规校纪，而且还有国家的法律和政策，同时还邀请学校所在地派出所和出入境管理处的相关民警对留学生进行专门的法制教育。

3. 保险制度教育

根据我国教育部的相关规定，我校统一组织来华留学生每年定期购买人身保险，认真做好每位留学生的思想工作，让留学生认识到购买保险的意义、价值和必要性。在外国留学生出险时积极与保险公司协调沟通，保障外国留学生的最大受益化。

4. 学习适应教育

我校每个二级学院都设有外事联络员，专门负责外国留学生的教学管理工作，各培养单位能够邀请相关学科的带头人为外国留学生进行课程设置、学科特点、专业前沿问题等方面的系统讲解，为留学生选择专业提供良好的交流合作平台。

5. 利用网络资源进行心理适应教育

与留学生沟通交流的方式不能只局限于面对面的直接交流，特别是当今微信等新媒体具有开放性、同时性、自由交流的特点，很受留学生欢迎。它能满足留学生的心理和情感的需要，使他们可以敞开心扉谈论自己的感受，便于我们倾听他们的心声，发现他们的跨文化适应问题，了解他们跨文化适应的需求，推进跨文化交际的发展。

（三）建立留学生办公室、学生会和社团组织，开展多元校园文化

建立留学生办公室不仅能增强学校与留学生之间的沟通，而且使学校更能了解留学生的学习、生活、心理等需求。通过建立学生社团组织，加强与学校学生管理机构的友好联系，开展丰富多彩的跨文化体验活动，使来自不同国家和民族的留学

生能融合在一起，形成"多元文化交融，和而不同"的和谐校园，克服"文化休克"，发挥潜能和自由发展。目前，我校活动频繁的社团有中外学生汉语角、书法协会、武术俱乐部、民俗文化俱乐部等。同时，通过举办美食节活动、中外学生新年晚会等活动增进中外学生的交流和互动。留学生社团组织是推动校园多元文化建设和开展校园文化的载体，是最受留学生欢迎的团体组织。

（四）完善留学生教学环境和生活设施

随着招生规模的扩大，为满足留学生多样化的学习、生活需要，我校建立了完善的留学生公寓设施，为留学生在后勤、安保、保洁等方面提供优质服务。我校在 2015 年进行外国留学生第二公寓的整体改造，使留学生公寓设施完善，除配有电视机、空调、冰箱、浴室及网络接口等，公寓内的现代整体家具及现代化的整体浴室都深受留学生的喜爱，同时还配置了共用厨房和洗衣间等。留学生公寓走廊墙上布置了饱含中华传统文化的挂画和图片，中国元素多、文化氛围浓厚。另外，还改善了留学生的教室环境、增添了先进的多媒体教学设施等，还专门为留学生开辟了交流圆桌、咖啡屋，以便满足留学生举办生日会、本民族节日庆祝会等活动的需求；公寓楼内也经常组织开展中华传统文化活动，结合相应节日，让留学生在传统节日中体验中华文化的风采，如春节期间组织包饺子活动，让留学生们不仅能够亲手体验"中国特色"食品的制作过程，更能体验真正的"中国式"年味；切实增加来华留学生对我国社会文化的文化体验和文化认同，同时让留学生们减少心理压力，减少孤独感和思乡感，营造温暖的大家庭氛围，使留学生们能够安心、快乐地在中国学习和生活。

关于加强来华留学生日常管理规范化来提升服务质量的几点思考

——基于沈阳师范大学外国留学生日常管理现状

（沈阳师范大学　崔宁宁）

随着中国综合国力和软实力的提升，越来越多的国家和地区派出留学生到中国留学。随着我校国际地位的提升，来华留学迎来了前所未有的发展机遇。据统计，2014 年来华留学总数已经超过 37 万人次，所有与中国建交的国家，甚至有些没有与中国建交的国家都有留学生在我国学习，所学的专业覆盖了普通高校全部学科。2014 年，沈阳师范大学共接收外国留学生 749 人，来华留学生在中国政府奖学金生人数、孔子学院奖学金生人数、来华留学国别、来华留学专业等方面有了新的突破。外国留学生人数的不断扩大，层次不断提高，学生类别不断丰富，使留学生的管理更加复杂，对留学生的日常管理工作提出了更新、更高的要求。笔者在从事留学生管理工作中发现高校留学生在日常管理等工作中存在管理不规范的问题。本文基于对这些问题的思考就这些问题制订相应的对策，并坚持尊重包容与严格要求相结合，实行异中求同与同中求异相结合，力求学校管理和自我管理相结合的三结合原则，使留学生日常管理从一贯的经验化到科学化转换，使其规范化、制度化和系统化，旨在能够弥补地区弱势，为增加我校留学生数量和提高留学生日常管理质量起到积极的促进作用。

一、沈阳师范大学 2014 年外国留学生基本情况

据统计，2014 年沈阳师范大学共招收外国留学生 749 人，来自 54 个国家，其中亚洲 24 个国家、非洲 17 个国家、欧洲 10 个国家、美洲 2 个国家、大洋洲 1 个国家。其中，长期生 536 名，占留学生总数的 71.56%；短期生 213 名，占留学生总数的 28.44%；学历生 150 名，占留学生总数的 20.03%，占长期生总数的 27.99%；非学历生（长、短期）599 人，占留学生总数的 79.97%。学历生中硕士研究生 68 人，占学历生总数的 45.33%，占留学生总数的 9.08%；学历生中本科生 82 人，占学历生总数的 54.67%，占留学生总数的 10.95%。2014 年，我校共接收中国政府奖学金生 100 人，学历生 79 名，占中国奖学金生总人数的 79%，非学历生 21 名，占中国奖学金生总人数的 21%。2014 年，我校共接收孔子学院奖学金生 32 人，均为非学历生。

二、外国留学生管理的主要问题

来华留学生管理工作主要归纳为招生管理、教学管理和日常管理三大类。留学生管理工作首先从招生开始。招生管理包括制定招生计划、明确招生方式、建立招生渠道、落实招生经费等。留学生到中国高校主要目的是学习，因而教学管理是留学生管理最重要的组成部分。教学管理内容非常丰富，包括计划管理、制度管理、质量管理、业务管理、组织管理、科研管理等。留学生除了学习以外的其他管理均属于日常管理，其主要包括留学生涉外管理（在华签证的申请，居留许可手续的办理）、档案管理、生活管理、安全管理、活动管理等。日常管理

是留学生管理中涉及面广，相对复杂的一类管理。

三、外国留学生日常管理存在的问题

留学生的日常管理主要由留学生管理科负责管理与协调，涉及部门多，校外包括国家留学基金管理委员会、省教育厅、省外办、市外办及省（市）安全管理部门、公安局出入境管理部门、出入境检验检疫部门、当地的派出所等；校内包括学生处、研究生处、教务处、财务处、后勤集团等。

留学生的日常管理是一项比较复杂的工作。复杂性来自于留学生虽是一个群体，但组成群体的个性之间的差异又十分大。留学生们有着不同的文化观念、风俗习惯、来华目的。在学校管理要求的一致性和学生要求的个别性之间常常会出现冲突。比如，学生考勤。留学生迟到、旷课是一个极为普遍的问题，原因也不尽相同，有的是因为住的地方离学校远，交通拥堵；有的交换生学汉语的同时还想在中国旅游；有的学生有自己的时间安排表；有的学生因为年龄小，自我控制力差、贪玩、没有合理的作息时间表，没有人督促。这部分人势必会影响正常的教育秩序，对于他们的管理要把握原则和尺度的问题，既要做到培养人才，又要被大多数的留学生接受，需要不断地摸索与探讨。管理的规范与否，代表了一个学校乃至一个国家留学生教育的成熟度，应当引起我们的高度重视。

四、关于规范来华留学生日常管理的几点想法

明确、制定一整套留学生日常管理规章流程，从留学生确定来华留学开始，就有一整套指南协助他们了解来华留学的具体情况。

（一）入学报到前期准备工作

我校制定了《沈阳师范大学外国留学生教学、管理和生活服务指南》中英双语版、《沈阳师范大学外国留学生年度学年历》中英文对照版、《沈阳师范大学外国留学生新生入学指南》，与录取文件一并寄送，并在我校网站上提供在线查阅与下载。以上材料中均包括关于签证手续办理、身体检查、医疗保险、应缴费用及缴纳方式等相关内容的解释说明，住宿预订、接机接站服务的服务类信息的介绍及留学生应当遵守或预先了解的入学规定、注意事项等。

（二）报到注册流程

在学校规定的报到日期之前，学校要召开相关接待工作人员协调统筹会，明确工作职责、报到留学生情况、学习工作流程。我校的报到注册根据新生和老生有所不同，主要包括张贴公示报到注册须知及流程，发放报到物品，核实学生基本信息，收缴相关费用，中国政府奖学金生、孔子学院奖学金生报到，身体检查，签证、居留许可手续办理，学籍注册，参加入学考试等环节与流程。

（三）报到后期的总结分析

1. 核实报到人数

在报到工作结束后要与学院教研室、教务科、公寓管理部门，与二级学院培养单位密切沟通与配合，核对新老生实际到校情况，重点清查未完成报到手续擅自到班级、各学院上课，完成报到手续未如期到班级、各学院上课以及在规定时间内应到未到学生等。

2. 学生情况数据分析

对本学期的留学生情况进行数据分析，包括留学生学历成分、学生类别、国别、州别分布统计、与上一年同期对比等，并将留学生的具体信息录入来华留学生管理系统。对以上数据进行分析后和留学生名单等其他信息的统计一并上报公安局出入境管理处、学校保卫部门、当地派出所等以备检查所用。

3. 报到率分析

对新报到学生、老生的返校人数、中国政府奖学金、孔子学院奖学金学生等报到率的分析，能够反映出我校办学条件、师资队伍、教学质量和国际知名度等一系列问题。

（四）涉外管理主要是留学生签证手续的办理

为了使留学生能在中国顺利地学习和生活，除了要拥有良好的学习和生活条件，做好签证手续办理方面的工作也至关重要。首先，要及时了解国家最新的出入境签证和居留许可手续办理方面的动态；其次，要对留学生进行中国出入境管理条例和学习签证、居留许可申请、延期等政策法规方面的教育；再次，要建立管理需要的管理台账，内容应该包括留学生的护照号码、有效期、签证号码及有效期、居留许可号码及有效期、入境日期及到校日期、居住地址、联系电话、房主信息等内容。要随时掌握留学生签证信息，预防发生留学生签证超期的事故发生。

（五）留学生档案管理是日常管理的重要组成部分

留学生档案管理对于学校留学生政策的制定有指导性作用，包括在读留学生的档案和毕业留学生的档案。学校应该积极引入留学生管理系统软件对留学生档案进行科学管理。

（六）开展丰富多彩的文化活动，有利于培养留学生的感情

一定要有计划地开展组织留学生外出进行文化考察，参观辽宁省地域的名胜古迹，自然风光，鼓励留学生与当地人民进

行交流，真实地了解巨变中稳定发展的辽宁，开阔视野，澄清模糊观点，培养他们对华友好感情。另外，还要多组织文艺、体育活动，使留学生融入中国学生，培养集体荣誉感，丰富生活，为留学生活留下美好回忆。

（七）中英文双语网站建设

网站是国内外了解学校，获取学生信息的最便捷渠道，也是留学生与学校接触的第一印象所在，尤其是英文网站的建设工作意义更加重大。网站最重要的是信息资源丰富、内容结构合理、更新维护及时、沟通联系通畅。

教育国际化背景下高校留学生
教务管理的实践和思考

（沈阳师范大学　芦珊珊）

高校国际化的水平是其竞争力的重要体现之一，其根本目的是培养具有国际竞争力的高素质创新人才。帮助学生未来职业发展，是学校取得跨越式发展、实现建设目标的必然选择。支撑学校国际化发展的管理和服务保障体系对推进我校教育国际化进程有着重要的意义。

一、留学生教务管理的特点

（一）高校留学生管理的复杂性

随着我国综合国力的提升和对外交流的不断拓展，越来越多的外国留学生选择来中国学习。随着我校教育国际化步伐的推进，对外交流的不断增多，留学生规模也不断扩大。2014年我校共接收长短期留学生749人，2015增长至943人，到2016年增长至1200人。2016年共有62个国家的留学生在我校32个学科专业学习，其中本科生165人，占总人数的13%，研究生96人，占总人数的8%，语言生454人，占总人数的40%，短期生511人，占总人数的42%。中国政府奖学金生123人，占总人数的10%，孔子学院奖学金生52人，占总人数的4%，校际交流生79人，占总人数的6%。

由此可见，随着留学生规模的不断扩大，留学生类别的不断变化，培养种类的不断增多，教务管理的工作越来越复杂。

（二）高校留学生的特殊性

教务部 2010 年颁布的《留学中国计划》要求："来华留学人员与我国学生的管理和服务趋同化。"趋同化管理，即采取留学生与中国学生基本相同的教学管理方法，是现阶段留学生教育管理的总体要求。由于留学生培养的复杂性和特殊性，在教务管理中，留学生的成绩单样式、结业毕业学位证书的样式、培养方案、选课管理、毕业审核、学籍动态、入学报到、离校时间等方面与中国学生存在很大差异。因此，在趋同化管理的总体要求下，要适应留学生培养的特殊性，需要灵活把握，求同存异。

（三）高校留学生的多变性

随着国际格局和国家政策的变化，来华留学生的国别呈动态化发展。留学生需求不同，语言生流动性大，有的留学生只是为了体验中国文化，以地域考察为主，有的是为了回国就业，提高竞争力，有的是校际交流，需要学校互认学分。高校留学生的多变性也说明了在教务管理工作中，要根据实际需求提供服务。

二、教务机制支持教育国际化

（一）健全教务管理规章制度

我校制定了《沈阳师范大学外国留学生教学、管理和生活服务指南》中英双语版、《沈阳师范大学外国留学生年度学年历》中英文对照版、《沈阳师范大学外国留学生新生入学指南》，开展中英双语入学教育讲座，并在我校网站上提供在线查阅与下载。以上内容包括关于来华手续、入学报到、管理规定、管理办法、生活服务、注意事项等相关内容的解释说明。

（二）构建国际化办学平台

我校实施校院两级管理机制，留学生与中国学生教务管理体系相融合一体化。国际教育学院和国际交流合作处合署办公，负责所有留学生的招生、入学、毕业事宜。此外，国际教育学院还负责所有本科留学生的教务工作，研究生留学生的教务工作由沈阳师范大学研究生处归口管理。

在留学生培养单位设置专职教学院长和教学秘书，培养单位对所培养的留学生进行培养方案的制订、掌握导师的选择、学生的学习出勤情况等，相关资料和信息由国际教育学院归口存档和管理。

（三）完善留学生教务管理体系

除了沈阳师范大学留学生管理科，留学生教务的相关管理人员负责全体留学生的学习、生活情况外，国际教育学院针对学习汉语的留学生采取小班授课，每个班级配备一名教学老师作为班主任，负责留学生的生活、学习的考勤和请假、信息的传达、组织活动、个人信息的整理等，以便及时掌握留学生情况，了解留学生动态，必要时提供相应的帮助。

（四）成立留学生教学指导委员会

针对每年的奖学金年度评审和毕业评审，成立了留学生教学指导委员会。每年对中国政府奖学金的评审、学历生学位、毕业资格进行审核，再报送至学校教学指导委员会、省教育厅、国家汉办等相关部门进行毕业证和学历证的办理。

三、留学生教务国际化的实践

（一）建立多元化信息平台

1. 留学生成绩单的制作

我校为留学生制作的成绩单有中英文对照，内容中有学分、成绩、任课教师的信息等，用来满足留学生多样化的需求，如学分认证，学习课程的证明等，以提高国际上的实用性。

2. 结业、毕业、学位证书

教育部颁发的毕业证和学位证有时不能满足留学生的实际需求，我校为留学生开具相关证明文件的英文版或制作英文版的证书。

3. 制定留学生年历

根据留学生专业的不同特点，留学生复杂性和文化差异的多样性，参照中国学生校历制作沈阳师范大学留学生专属校历，调整相关节假日放假时间，开学放假时间，组织留学生专属活动，增强留学生的归属感和凝聚力。

4. 信息推送

我校开通沈阳师范大学"留学沈师"微信平台，推送中英文双语通知，展现留学生风采；建立中英文网站，以保证留学生接受信息的及时性和准确性，更好地适应新环境。

5. 评教

根据留学生汉语水平的实习情况，我校制作中俄、中韩、中英三个版本的评教单，全面掌握各个水平留学生的学习情况，更好地促进教学工作的良性发展。

（二）加强制度管理和建设

1. 学籍管理

学历生入学需要填写沈阳师范大学入学申请表，由培养单位主管留学生工作的院长签字盖章，再将留学生录入学籍系统，同时向留学生明确学籍管理规定，严格按照相关规定管理，严格执行学位授予规定。

2. 制订培养方案

根据留学生情况的特殊性和沈阳师范大学自身的优势和条件，面向国际市场改革和设置适合留学生具有国际竞争力的专业。比如，留学生汉语言专业的培养方案，减少公共课程，开设中国文化课程，了解中国文化和掌握跨文化交际能力，培养留学生知华、友华、亲华的情感，形成培养学生专业能力、实践能力和涉外职业素养内容的"语言＋文化＋技能"的课程体系。留学生可在3~6年内修满培养方案规定的最低学分，达到相关要求准予毕业。

3. 留学生考勤管理

根据学校管理规定和留学生的特殊情况制订留学生考勤规定，督促留学生上课，树立正确的学习态度。对本科生和语言生的考勤要正确把握好管理的原则和尺度，促进留学生教务管理和教学工作的可持续发展。

（三）提供多方位服务

1. 档案建设

科学规范地加强留学生档案管理对留学生招生、日常管理、教学管理等方面具有积极的作用。及时掌握留学生基本信息、学业信息和毕业动态。对留学生在校期间的学习生活情况进行整理汇总和留存。完善留学生毕业后的追踪调查，调查毕业去向和从事行业情况等，促进留学生教育的可持续发展。

2. 资源共享

我校学历生可以得到沈阳师范大学图书借阅证和学生证等，与中国学生共享学习资源，满足留学生在我校学习和生活的需要。

3. HSK 考试

我校作为 HSK 考试考点，及时向留学生传达考试信息，开设相关课程，满足留学生的汉语学习需求。

四、教务工作国际化的思考

（一）教务管理者要不断提升国际化视野

管理工作者在具有良好素质和工作技能的基础上，还要不断开阔国际化视野，不断学习其他国家的教学理念和教学管理方法，更好地为学校教育国际化服务。

（二）教务管理者要进一步提高教学管理水平

及时更新和调整留学生管理的各项规章制度和管理模式，使教务管理工作者在实际操作中有章可循，有法可依，为规范留学生管理提供可靠保障，为今后国际化办学规模的发展奠定良好的基础。

（三）教务管理工作者要树立良好的国际形象

在日常管理工作中，教务管理人员本着"外事无小事"和"以人为本"的原则，做好留学生管理和服务工作，展现科学人性化的管理模式，树立良好的服务形象。为留学生营造良好的学习和生活氛围，增强留学生的归属感，培养留学生知华、友华、亲华的情感。提供优质的教学资源和教学服务，提高沈阳师范大学良好的国际形象和国际影响力。

浅谈留学生教育管理工作的心得体会

（沈阳师范大学　王琳琳）

当前，随着中国经济的迅速发展，国际影响力的不断提升，汉语受到更多的瞩目，世界各地的留学生纷纷来华学习汉语，极大地推动了我国来华教育事业的发展。与此同时，高校留学生教育管理工作也面临着更大的挑战，如何适应国际化形势发展的需要，加强完善留学生教育管理工作成为亟待解决的问题。

留学生人数的多少是衡量高校国际化水平的标志之一，随着来华留学人数的不断上升，留学生层次也随之多样化，这些现状对留学生管理工作是一个考验。沈阳师范大学国际教育学院 2016 年度共有长短期在校生 1200 余人，其中长期生 716 人。作为留学生管理科的一员，做好长期生的管理工作至关重要。

沈阳师范大学国际教育学院留学生管理科现有工作人员三人，我的主要工作是负责留学生日常管理，如学生档案管理、签证手续办理、来华学生管理信息系统网站的信息维护等。此外，还有各类留学生活动的组织与协调。在各项留学生工作中，新生报到作为其中最为重要的环节之一，能否保证新生顺利到校报道对留学生的后续管理工作十分关键。我院从细微着眼，以更好地服务留学生为目标，力求通过做好迎新准备、优化迎新流程等方式提高迎新水平，使学校留学生服务工作精致化、细致化和人性化。

迎新工作从接生开始，被我校录取的留学生会有老师或中国志愿者学生负责接站，统一带到学院办公室报道，若当天时间较晚，则先入住宿舍，次日再来报道。下学期开始，我们将改进不足之处，接站人员将携带入学先导发送给新生，帮助他们了解来华后的相关注意事项，如报道手续、学费缴纳、住宿登记等相关问题。这样不仅能够帮助他们减轻忧虑，也能帮助管理人员相应减轻工作负担。

新生持录取通知书和护照前来报到时，需要填写一张入学申请表，其中包括学生的基本信息和入学须知，学生需填写完整并在阅读入学须知后确认签字，这样能帮助我们更加全面地了解学生，也能使学生再次确认相关注意事项及学校的相关管理规定。在掌握学生的基本信息时，学生的联系方式是最为重要的信息之一，因为新生报到可能是我们一学期之中唯一接触学生的机会，有些学生在报道后可能很难再联系到。所以我们一定要抓紧新生报到的时间，确认他们的联系方式，但是由于大部分新生刚来报道时，还未购买电话卡，没有联系方式，所以我们一般会采取建立新生微信群的方式，让所有报道的学生扫描二维码进入微信群。这种方式为我们提供了很多便利之处，不仅帮助我们联系学生，还能通过发布群通知的方式让学生了解学院的相关活动，确保消息传达的实时性与高效性。

在掌握学生的基本信息后，学生应缴纳相关费用，包括报名费、保险费、住宿费和学费。只有学生缴纳费用后，我们才会为其准备办理签证的相关材料。

鉴于以往经验，并汲取其他院校的先进经验，我们设想在学生完成报道后，为每一位学生准备一份材料包，里面应包含一张保险卡及保险说明书、学校地图、签证办理等相关信息、学院相关管理规定，帮助学生快速适应并融入学校的学习生活。

相关法律法规规定，留学生在入境 24 小时内，必须到相应派出所办理住宿登记，否则将给予一定程度的警告与罚款。由于新生报到时期，留学生数量较多，经过和派出所警官的协商，我们学院暂时采取为住校新生统一办理住宿登记的方法，而校外住宿的学生则需要自行前往相应的派出所办理住宿登记，并上交住宿登记表复印件。

新生报到工作结束后，接踵而来的便是大批学生的签证办理工作。对于持学习签证入境，需要变为居留许可的学生，我们一般会在开学后的第二个周末，带领这些学生去出入境检验检疫局进行集体体检。我们会提前在微信群里公布体检的学生名单，并通知体检需要准备的材料及相关注意事宜，也会在班主任微信群里上传体检学生名单，请班主任帮忙再次通知，确保所有学生收到通知。

体检结束后，从开学后的第三周开始，我们会带领学生去出入境管理局统一。但由于学生较多，我们一般会分两到三次人办理签证。签证办理前，我们会为学生准备好办理签证的手续，学生只需准备签证费就可以。通知签证办理的过程同体检一样，分别在新生微信群和班主任微信群同时通知，告知学生需要准备的材料及注意的事项。

当留学生人数较多时，我们采用来华学生管理信息系统来管理统计学生信息，我们经常使用的功能有两项，分别是基本信息和证照信息的录入。这是一项耗时、需要长期关注的工作，一旦学生的信息发生改变时，系统中的信息也应随之更新。智能管理系统平台的好处在于，它可以清晰明了地为我们提供各种需求的统计，而且往往比我们人工统计的数据更为精准。

在长期生的管理过程中，我们还根据留学生情况制订了一些较为实用的管理方法。我们制订了学院的考勤制度，便于综合考查学生的学习情况；对于一些拖欠学费的学生，我们制作了缴费承诺书，监督并督促学生尽快缴清学费。此外，我们还定做了一本请假条，以培养学生养成销假的习惯，方便老师管理并了解请假外出的学生情况。

留学生管理工作不可避免地会存在一些不足之处，我们正在不断发现这些问题并逐步完善。例如，对于一些不够规范准确的规章制度，我们根据新的政策法规随时修改，尽力做到一致性；对于一些缺少中英文对照的规章制度，我们请英语专业人员进行翻译，帮助汉语零基础的学生了解学院的相关规定。为了更加准确地掌握学生信息，我们不仅制作了学生信息表格，还将所有学生信息录入来华学生管理信息系统，双重保障信息的完整与准确，减少失误。我们合理安排时间，组织学生进行各种活动，做好我校的留学生品牌活动，丰富学生的业余生活，提升学校的影响力。

留学生教育管理工作具有特殊性，我们面对的是来自不同国家，文化背景不同的教育管理对象。因此，我们应该以留学生为中心，了解不同留学生的精神文化需求，采取相应的、合适的、易于接受的方法进行教育管理。此外，还应不断提高自己的综合能力，定期学习相关的法律法规，不断提升自身的综合素质，提高管理质量和管理效率，进而推动留学生规模不断壮大，为学校国际影响力的提升贡献微薄力量。

第三部分：有预案会应变，处理好突发事件

渤海大学留学生的案件分析以及应急处理

（渤海大学　曹　璐）

留学生群体有着不同文化背景及风俗习惯，各高校在留学生管理中对这一特殊性进行了较多的考虑，近年来留学生教育发展逐渐与国际接轨，有力推进了我国与世界其他各个国家和地区间的联系，并对彼此之间的经济、政治、文化、社会等方面的交流搭建了沟通的桥梁。但是，随着外国留学生人数与规模的扩大与增长，对外国留学生的日常管理亟须加强。

一、学校现状

渤海大学在校留学生近 500 人，分别来自 30 多个国家。他们有着不同的文化、不同的语言以及不同的家庭背景。这些都要求我们留学生管理人员像家人一样对待他们。要勤于跟留学生沟通、交流。

二、案件情况

留学生的日常生活和学习也存在一些问题，如居留许可未及时变更、签证超期等。这些问题都需要去当地外管局和派出所进行笔录。留学生都买了保险，他们生病了去医院治疗，然

后留存好所有的收据，学校工作人员帮助留学生联系保险公司，然后给予报销。如果留学生在医院治疗期间跟医生和护士存在沟通问题，那么学校老师会去医院帮助翻译。

三、突发事件的预防措施

第一，宿舍管理员每个月对外国留学生公寓的设施进行一次检查，对出现的问题及时整改，消除一切隐患。

第二，加强对外国留学生的安全和自我保护教育。保持与外国留学生之间信息渠道与联系渠道的畅通。经常了解外国留学生的思想动态与课外生活活动，减少并避免意外事件的发生。

第三，保卫处要强化校园治安防范管理，清理外来人员，严厉打击各种滋扰校园秩序的流氓歹徒和非法组织，确保师生安全。

第四，留学生所在学院在日常工作中应与保卫处保持密切联系，发现可疑情况及时报告。

第五，制订外国留学生校内突发事件处理应急预案。一旦发生涉及留学生的突发事件，发现者应立即报告学校负责人员，根据突发事件的类型果断决策，及时采取相应的应对措施，把影响降到最低。如有留学生受伤，立即就近送往医院进行救治。在处理突发事件的过程中，学校留学生管理人员应注意在面对社会媒体和其他有关部门时个人不得擅自表态，避免产生负面影响。

留学生管理工作是学校的重要工作之一。留学生的人文背景、教育水平、传统习惯和文化理念都有差异，来到中国后，或多或少都会存在文化休克现象。因此，解决他们的实际困难，加强他们的归属感、存在感和认同感非常重要。我们要有效预防、及时控制和妥善处理留学生突发事件诸如交通事故、意外伤害、突发疾病、酗酒等问题。

危机管理在留学生管理工作
突发事件中的应用

——关于大连医科大学留学生交通
事故身亡事件处理的案例分析

（大连医科大学　金　钊）

随着中国留学环境的持续优化，各级政府出台的有效来华留学吸引政策，以及我国高校国际化水平的不断提高，近几年我国来华留学的规模快速增长。仅 2013 年，当年来华留学规模已突破 33 万。根据教育部出台的"留学中国计划"的测算和预期目标，2020 年我国来华留学规模将突破 50 万，成为亚洲最大留学目的地国。

来华留学规模的增长不仅为我校带来了机遇，同时也带来了挑战。其中，关于留学生突发事件的处理是各高校在留学生管理中普遍感到棘手的，处理的结果直接关系到学校甚至我国的来华留学声誉。危机管理，在留管工作中是为了应对留学生群体的突发事件，尽量使损害降至最低而预先建立的防范、处理、应对的措施。对一所高校的留学生管理服务而言，当出现严重的意外突发事件时，如处理不当，所谓外事无小事，不仅会损害学校在国内乃至国际的形象和声誉，甚至可能恶化成为不良的外交事件；相反，如果处理妥当，不仅会将突发事件带来的损失降低，还会将危机转变为"契机"。

本文以大连医科大学一名索马里籍的留学生车祸身亡事故的处理作为案例，分析校方运用危机管理妥善处理此事，最终不仅将此事所带来的负面影响降至最低，还发现坏事中的"好事"，成功抓住了危机中的"契机"。

一、案例概述

2014 年 9 月 18 日清晨，大连当地警方通知大连医科大学派员辨认一名死于当日凌晨交通事故的外国人身份，在确认死者系大连医科大学索马里籍留学生后，校方立即启动留学生突发事件应急预案，成立工作小组开展工作。根据警方披露的信息，该意外系死者无照驾驶摩托车造成的独立交通事故，校方立即上报有关部门，通知索马里驻华使馆、学生家属，并向校内留学生群体公开信息。随即，校方约谈事故发生前与死者有过接触的学生了解情况，在做完心理疏导后，带领其赴警局做了笔录。当日下午，根据家属希望就地安葬死者的意愿，校方积极与墓园方面取得联系，准备安葬事。同时，校方积极与外管部门沟通，落实协助办理死者家属来华落地签证事。当晚，校国际教育学院有关留管干部就该意外，向留学生群体作了说明，并做了细致的心理疏导工作。

9 月 19 日，应校留学生要求，批准留学生自发组织的悼念活动，有关管理老师参加。之后，校方做了积极准备，尸检、安葬的前期工作都已完成。同时，家属来大连期间的接待工作也已就绪。25 日晚，家属分批来大连，校方派员派车赴机场接机，并全程派员陪同入住同一酒店。26 日上午，应家属要求，先后到了交警大队听取警方情况介绍，在殡仪馆瞻仰死者仪容，其间校保卫处长、国教院长全程陪同。

随后，家属一行来到校国际教育学院，院长及学院老师为其举行了慰问会，索马里籍学生代表全程参与。会上，院长真挚的慰问了家属一行，并代表院方返还家属死者在校期间的相关费用并给予慰问金。家属表示，由衷感谢校方所做的一切，并临时决定以死者名义成立基金，并将校方提供的该笔慰问金作为先期启动资金捐助给学校，并允诺后续将募集捐助更多的钱到该基金。会后，学院赠送了家属学院纪念品，死者生前的管理老师将该生在校学习生活的照片一并赠予家属，院长陪同家属参观了学院并在留学生餐厅共进午餐，向家属介绍死者生前在校学习生活情况。

27日上午，大连医科大学校长亲切接见并慰问了家属一行，对捐助基金一事表示感谢，并再次重申校方将全力配合有关部门做好死者善后事项。之后，家属到了死者生前宿舍整理遗物。下午，学院老师陪同家属赴大连市清真寺和穆斯林墓园完成了墓碑篆刻和安葬选址等相关工作。随后，在得到家属授权后，校保卫处协助公安部门完成了尸检工作。30日，校保卫处长、国教院长及相关老师全程参与死者的安葬仪式，并于下午顺利下葬，其间校方为家属和其他参加殡葬的留学生提供接送服务。10月1日至3日，家属分批返程，校方派员全程送机。

至此，校方已妥善处理好此事，期间并未产生任何不良影响，死者家属及留学生群体和社会相关部门对此满意，校方收获了死者家属捐赠的基金用于帮助校留学生事业的发展。接下来，本文将结合实际，运用危机管理的理论知识对本案例进行解析。

二、案例分析和危机管理的应用

（一）及时报告披露信息，准确定位危机性质

危机管理的基本原则是加强信息的披露和与公众的沟通，公开损害情况，正确处理与公众的纠纷，告知事情的来龙去脉。对突发事件不推诿、不犹豫，通过积极地面对，争取公众的谅

解与支持。另外，处理危机过程中，速度是关键，校方能够及时、有效地将危机决策运用到实际中化解危机，避免危机给学校造成进一步损失。

在此事件中，校方在第一时间得到警方通知后，立即派员前往确认亡者身份。身份确认后，根据警方提供的信息，校方第一时间向上级相关部门以及索马里驻华使馆报告此事件，并在校内公开告知全体留学生，同时告知学生家属。在此案例中，校方快速反应，防止了公众的误解和事态的继续恶化，维持了校园的稳定，得到了公众的理解和支持。

同时，根据警方提供的独立交通事故的信息，校方准确定位此事属意外型危机管理，首要任务是公布细节、协助有关部门妥善做好善后工作。准确的定位使得后续工作有的放矢，有条不紊，忙而不乱。

（二）领导重视、准备充分，危机管理机构完备

校方历来重视留学生教育工作，并建立了完善健全的留学生突发事件处理机制。事故发生后，校方立即启动突发事件处理预案，成立了临时工作小组，出台了临时工作方案和秩序册，由主管校领导担任组长，国教院长任副组长，积极部署有关工作，相关人员各司其职，第一时间校内各有关部门形成合力，为下一步开展后续工作奠定了基础。

在此案例中，校方建立起一个职责清晰、权责明确的危机管理机构。这是确保危机管理体系有效运作的前提，这样才不会被内部或者外部的因素干扰，也不会出现推卸责任、逃避责任的状况，保持了其客观性和公正性，有利于从整体上把握全局，为下一步善后工作赢得良好开局。

（三）多方并举，分头行动，形成合力

多部门联合做到口径一致、步调一致、协作支持并快速行

动是处理危机的关键。事故发生后，校办公室、保卫处和国教院等有关部门迅速联合行动，及时对外公布事故信息和最新进展，校相关部门迅速对接当地公安、交通、外管、外办、墓园等单位，在家属来校前，存尸、运尸、尸检、安葬等手续已在办理，善后各项工作已经有序进展。同时，国教院迅速联系学生家长，协助家属办理落地签证尽快来校。如协作不利，任何一个环节出现的丁点疏漏必将增加死者家属的不安情绪，不利于善后工作。校方积极协调各有关单位，出色的落实各项善后手续的及时办理，为稳定死者家属情绪，更好处理善后工作赢得了先机。

（四）沟通

沟通是危机管理的中心内容。与在校相关员工、留学生群体、驻华使领馆、政府部门等利益相关者的沟通是高校留管干部不可或缺的工作。沟通对危机带来的负面影响有最好的化解作用。学校在此事件中树立了强烈的沟通意识，及时将事件发生的真相、处理进展传达给公众，以正视听，杜绝谣言、流言，稳定公众情绪，争取了舆论的支持。

在此事件中，校国教院长第一时间对死者生前在校的管理老师进行了疏导，消除了其不安情绪，稳定了内部的工作团队。随后，为稳定在校留学生群体，国教院的留管干部对在校留学生群体展开心理疏导，消除留学生的不安情绪，维系了正常的教学秩序。另外，根据亡者所在国的传统和其宗教特点，国教院批准留学生自发举行悼念活动，给予留学生有效的释放途径，缓解留学生的情绪。校保卫处长、国教院长亲自与相关政府部门的领导沟通，得到了各有关部门的支持，为善后工作的开展，提供了保障。

在整个事件中，最重要的是与死者家属的沟通。与留学生家属的沟通要求极高，不仅要求了解其所在国的文化传统，还要了解其宗教信仰。校国教院长与管理老师在与家属的沟通中，充分赢得了家属的理解和信任，这得益于日常的国际化积累。对其宗教信仰的了解，帮助学院有效地与家属沟通，也是促使家属临时决定为死者成立基金，为学校捐助的关键性因素。

（五）思维创新，抓住"契机"

意外发生后，校国际教育学院并未慌乱惧怕，在处理危机的同时，也在坏事中发现了"好事"，在危机中发现了"契机"，这也是危机管理的精髓。抓住"契机"，为来华留学工作再占先机。

"契机"一，意外发生后，社会各部门必将更重视外国人在华安全，完善保障措施，进一步提高国际化程度，对留学生而言，社会留学环境将得到进一步优化，有利于地区来华留学的发展。

"契机"二，学校将进一步重视留学生的管理工作，加强留管队伍建设，增加投入，有利于学校来华留学工作的进一步发展。

"契机"三，惨痛的代价和教训有利于留学生重新思考学院的规章制度，不仅是约束，更重要的是一种保障，减少了留学生对学院规章制度的逆反情绪，提高了认知度，便于学院今后留管工作的开展。

"契机"四，危机的妥善处理赢得了留学生和家属们的信任和尊重，增进了对校甚至对华的好感，与留学生培养的知华、友华、亲华、目标一致。在此次意外事件中，死者家属因校方的积极工作，真诚的帮助而为学校捐助设立基金一事充分体现了来华留学工作的意义和价值。

三、总结

危机管理并非仅运用在企业管理当中。在高校的留学生管理工作中，当突发事件发生时，正确运用危机管理，从容应对，不仅能降低危机带来的损失，避免事态进一步恶化，甚至能让学校转危为安，带来"意外收获"。

来华留学生日常管理中的问题与对策

（沈阳医学院　李　刚　王慧文　孙红妍）

随着教育国际化与经济全球化的进程，大力发展来华留学生教育已成为各国高等教育的一个共同发展趋势。同时由于我国综合国力的不断增强，国际地位的不断提高，越来越多的外国学生选择到中国来留学。尤其近年来，随着《留学中国》、《留学辽宁》计划的实施，越来越多的来自周边国家及非洲国家的学生涌入我国学习。如何在保证教育教学质量的前提下，逐步扩大规模，培养出优秀的毕业生，是摆在我国高等院校面前急需研究和解决的问题。加强留学生日常管理是保证留学生教育顺利开展的重要前提条件。我校为适应国际化发展的需要，从 2004 年开始招收来华留学生，至今已成功开展了十多年的留学生教育。现将我校留学生日常管理中的问题与做法作以简要介绍，与大家共同探讨来华留学生教育的模式，存在的问题及应对措施。

一、我校来华留学生教育日常管理模式

我校留学生日常管理由国际教育学院负责，国际教育学院下设学生科，学生科配备科长一名，留学生辅导员六名，每名辅导员负责一个年级大概 200 名留学生的日常管理，包括向留学生宣传中国法律法规、了解留学生思想动态、考勤、组织留学生活动、办理居留许可延期、开具在学证明、催缴学费及处

理突发事件等。

二、我校来华留学生日常管理中存在的问题

第一，我校留学生来自 45 个国家，以非洲国家留学生居多，80％留学生来自巴基斯坦、加纳和尼日利亚且都是自费生，这些学生没有经过像中国学生那样的高考筛选，难免水平不整，表现各异。

第二，多个国家的学生在一起学习、生活，由于历史和文化习俗、宗教、语言等原因，学生之间容易产生摩擦。

第三，留学生出国在外，远离家长的管教，部分学生因自控能力较差容易感染恶习；部分学生因适应环境的能力较差，容易产生一些心理问题。

第四，学习观念不强。部分留学生有一些不正确的想法，认为自己交了那么多的学费，毕业后又不在中国当医生，学校就应该让他们拿到毕业证和学位证顺利毕业回国，学多学少，学不学都无所谓。这样一来他们自身的缺点就得以膨胀，其主要表现在自由散漫，时间观念差，晚上睡得迟，早上不起来，不按时归寝，上课迟到、缺课、考试作弊现象严重。

第五，文化差异问题。留学生喜欢晚上活动，有的学生不分白天、晚上总是把音乐声放的很大，并经常在凌晨庆祝生日及各种节日，严重影响了其他同学的休息。另外，由于各国的教育管理模式不尽相同，实行统一管理也会遇到诸多问题。

第六，语言问题。因留学生不能很好地掌握汉语，在留学生日常管理中，尤其是留学生与校内其他部门老师交流时，因语言理解差异有时会产生诸多问题。

三、来华留学生日常管理的对策

留学生的日常教育和管理是关系到留学生教育工作成败的

重要问题。因此要下大力气抓好留学生的日常管理工作。我校在十多年的办学实践中，不断积累经验，并在以下几个方面进行了尝试。

（一）院领导高度重视留学生教育，为留学生的管理奠定了坚实的基础

学院领导高度重视留学生教育，成立了外国学生工作领导小组，院长任组长，主管外事的副院长任副组长，组员由相关处室负责人担任，定期召开协调会议，协调各部门之间的关系，为更好地进行留学生教育奠定了坚实的基础。

（二）抓好新生的入学教育

请沈阳市公安局出入境管理处的警官来学校为新生作《中华人民共和国出境入境管理法》和《中华人民共和国治安管理处罚条例》的宣讲，提高留学生遵纪守法的意识；请国际教育学院的主管领导介绍《沈阳医学院留学生管理规章制度汇编》和《沈阳医学院大学生管理手册》中的有关规定；请教务处的同志讲解成绩管理规定及学位授予规定，讲明各种利害关系，从一开始便向留学生灌输遵守校规校纪的思想意识。列举老生受处分的原因和处理结果，对新生形成一种威慑作用。

（三）坚持标准，严格管理

我校的留学生教育起步较晚，直到2004年校园中才出现留学生的身影，因而整个学院都对留学生十分关心和照顾，在管理上也持十分宽松的态度，总认为留学生不远万里来中国求学，远离家乡，远离亲人，又都是十七八岁的孩子，非常不容易。当他们违反学校的有关规定时只是给予说服教育，并没有严格按照学院的管理规定给予相应的纪律处分。但事实证明我们的关心与爱护并没有换来留学生的理解，反倒使他们认为我们管理不严，违反校规校纪的情况越来越严重。因此，必须根据学校的规定对他们实施严格管理，违反了什么规定就进行什么样的处罚，决不姑息。学校还制定了《来华留学生成绩管理规定》，对连续两个学期四门课程补考不及格者给予降级处分；针对学生迟到、缺勤严重的现象制定了《来华留学生出勤管理规定》，对达到一定标准的分别给予警告至勒令退学等相应处分；针对晚归、旷宿及在宿舍内大声播放音乐恶意影响他人休息者，制定了《来华留学生住宿管理规定》，第一次违反规定提出警告，第二次再违反者严重警告，如屡教不改取消其住宿资格。通过一段时间的整顿，并对违纪学生作了相应的处分，直至开除了几名严重违反学校规定的留学生，极大地触动了其他留学生，使他们遵守校规校纪的意识进一步增强。

（四）关心留学生，加强与他们的交流

来到中国学习的留学生大都刚刚高中毕业，很多学生在来中国之前从未离开过父母和家乡，现在突然远离家乡来到一个陌生的国度，又由于语言上的困难，在生活上会遇到很多问题。因此，容易产生急躁、焦虑的心情，甚至产生厌学情绪，这就要求留学生管理人员特别是年轻辅导员应多到学生中去，多与留学生交流，尊重他们的宗教和风俗习惯，主动了解他们所遇到的困难，帮助他们及时解决。通过与留学生经常交流，了解他们所遇到的困难，在生活和学习中多关心他们，使他们从内心对留学生管理人员有认同感、尊重感，甚至把管理员当作自己异国的亲人，从而有助于对留学生的严格管理。

（五）认真做好评优和表彰工作

为鼓励留学生的学习热情，营造奋发向上的学习氛围和良好的生活环境，学校为留学生设立了奖学金，包括综合奖学金、单向奖学金、院长奖学金，并在每学年末进行优秀留学生和优

秀留学生宿舍的评比，颁发奖状并给予相应的物质奖励。在评选中，除了要求学生学习成绩达到优秀外，还必须强调遵纪守法，尊敬师长，团结同学等。这种奖励机制对留学生遵守各项规章制度起到了积极的作用。

（六）积极拓宽生源渠道，提高生源质量

目前来我院学习的留学生全部为自费留学生，一些学生自身素质不高，这为留学生的管理增加了一定的难度。开展全英文教学，解决了留学生学习的语言问题，使得来华学习医学的留学生日益增多，我们通过拓宽生源渠道提高录取条件，以此提高生源质量，这样能有效缓解留学生管理的压力。

（七）重视文化差异，实行趋同管理

留学生来自不同的国度，具有不同的文化背景和风俗习惯，对留学生的管理不能照搬中国学生的管理模式，那样在管理留学生时会出现学生不理解的现象，但又不能完全脱离中国学生的管理模式，那样会使他们产生一种优越感，不便于日后的管理。因此，要实行趋同管理。

（八）加强汉语学习，尽快适应环境

为了加强留学生的汉语学习，让他们尽快适应在中国的生活环境，我们不断探索新的汉语教学方法和途径。首先，要让留学生知道汉语课与专业课一样为必修课程，如果不能达到HSK 三级同样拿不到毕业证和学位证。其次，丰富教学内容，提高汉语学习的兴趣。第三，为留学生学习汉语创造一个良好的语言环境，定期组织留学生与中国学生联谊并与中国学生建立友好班级，增加留学生与中国学生交流的机会。

（九）积极组织开展各项文体活动

积极组织留学生开展中国文化体检、新年晚会、足球比赛、

辩论赛等文体活动，充分调动留学生的参与热情，营造良好的校园文化。

（十）组织成立留学生会，实行学生自主管理

组织成立留学生总会及各国留学生管理分会，协助老师对留学生进行有效管理并组织文体活动，极大地调动了留学生的工作热情，并很好地充当了老师和学生之间的桥梁作用。

以上是我校留学生日常管理中的一些问题和做法。面对当前留学生教育发展的有利形势，我校留学生教育与管理仍需不断完善与发展，应认真总结留学生教育过程中的成功经验与不足之处，在保证质量的前提下，促进我校留学生教育事业的快速稳妥发展。

关注来华留学生心理健康，
助力学生心理健康成长

——以沈阳医学院为例

（沈阳医学院　孙红妍）

近年来，随着我国综合实力、国际影响力的不断提高，越来越多的外国留学生来我国攻读各种学位。2010 年党中央、国务院颁布的《国家中长期教育改革和发展规划纲要（2010－2020 年)》中提出"实施留学中国计划，扩大来华留学生规模"；"到 2020 年，全国高校及中小学就读的外国留学人员达到 50 万人次，其中接受高等教育学历的留学生达到 15 万人。使我国成为亚洲最大的国际学生流动目的地国家。"

来华留学生作为中国大学生的特殊群体，不仅要承受在异国学校完成学业的压力还要面临语言障碍、文化差异、人际交往等各种实际问题。另外，学校管理制度的不足也会给留学生的学习及生活带来诸多困难，这在某种程度上也会导致留学生承受更多的心理压力，产生不良的情绪。

在各类学生中，医学生被认为学习压力大、科研任务较重、心理健康问题也较为突出的一个群体。我校自 2004 年起招收留学生，目前在校生数量 1200 人左右。在实际工作生活中，留学生产生严重心理问题而严重影响学习的有以下四人。

2010 级学生提西（化名），加纳人，男，信仰基督教。该生在辅导员老师的眼中是"老实人"，学习认真、努力，但比较内向。在大二下学期时，辅导员老师发现一向表现良好的学生出勤率突然下降，其周围的学生也向辅导员反映该生可能出现一些问题。辅导员老师与同学一起到该生宿舍查看。老师发现：该生神情呆滞，谈话初始能认识老师并进行交流，在谈话进行过程中，该生便与"脑中想象的人"对话，出现妄想症状，且无法自行停止说话。辅导员初步判断该生出现心理问题，该生拒绝就医。辅导员随即向科长汇报情况，与其家人联系并告知该生的状况。其父亲请求学校老师立刻带其孩子到心理医院进行治疗，并在必要时可以采取强制措施。学校与沈阳医学院沈洲医院心理卫生医院联系，同时辅导员与该生的朋友以及教堂的工作人员取得联系，将该生带到医院进行药物治疗。在学校的 再要求下，该生父亲于二周后来到学校，在学校老师的陪同下，为该生办理出院手续以及休学手续。其父亲非常感谢学校在学生发生问题后所做的工作，并将学生带回到加纳继续治疗。目前，该生在加纳继续学习，状态良好。

2012级学生马爽（化名），赞比亚人，女。该生于第六学期结束后出现反复就医情况，向辅导员老师反映身体不适经多次体检并未发现问题，便建议该生到心理科就医，该生经多次劝阻后仍拒绝。辅导员与学生家属联系后并未给出任何意见或建议。鉴于该生对周围的人都产生了戒备心理，学校便与赞比亚使馆工作人员联系，使馆工作人员随后来到我校与该生交流。学生对使馆人员非常信任，在长谈后该生决定利用假期回国休息一段时间。在该生回国期间，辅导员与其密切沟通，并建议可以晚些返校。随后发现，该生一遇到考试等压力时，便会产生心理紧张问题。因此，每到考试时间，辅导员便会与其谈心，帮助其疏导压力。目前，该生状态良好。

2013级学生亚库巴（化名），加纳人，女。该生于第六学期结束后出现躁狂症状，行为不受自己控制。经辅导员与学生会成员多次劝阻无效。学校与其母亲取得联系如实介绍了该生的情况，同时与加纳驻华使馆联系，使馆工作人员将其接到北京，随后又将其送回加纳进行治疗。治疗一段时间后，其母亲与学校取得联系要求复学。经学校研究决定，要求其出具当地公立医院或教学医院出具的健康证明，并将家长或监护人签字后的复学申请扫描件发到学校邮箱。收到这些材料后，学校酌情出具了复学通知书，并向其母亲说明，在返校后须到三甲以上医院进行进一步诊断，证明其适合学习后方可参加正常学习，并要求其监护人陪读。该生与其母亲于 2016 年 10 月底返校，经中国医科大学附属盛京医院精神科的鉴定后，目前该生在其母亲的陪同下继续学习，状态较为稳定。

2014 级学生雷德（化名），尼日利亚人，男。该生入学时表现良好，成绩优秀，性格内向。第四学期时，辅导员老师发现其出勤不好，便与学生谈话。辅导员发现，该生对周围人尤其是中国人产生惧怕心理，总认为有人在监视他，在询问其学习情况时，该生反复强调自己是好学生，家人让我来中国学习，我必须好好学习，毕业后回国当医生。当询问其真实想法时，学生坦言自己想家，想回家。与其父亲取得联系后，其父亲坚信自己的孩子没有问题，坚决不让其孩子回国。随着该生情况的不断加重，该生出现"被害妄想"症状且超过三个月，辅导员老师向上级汇报情况，并将该生情况向尼日利亚驻华使馆工作人员如实汇报。之后再三与其家人沟通，勉强同意回国。最终，在两名留学生会成员的陪同下，该生顺利返回尼日利亚。目前，该生状态良好。

从以上事件的发生情况来看，处理类似事件的应对流程如下：

第一，发现学生症状起，应主动与其周围的学生接触，密切注意学生的动向，同时与其家属取得联系，打电话是最快捷的方式，但不见得是最有效的，由于语言的障碍以及为以后采取进一步措施，建议采用电子邮件进行沟通，以留下足够的文字资料。

第二，情况严重者，在取得家长同意后，学生配合治疗的，要与医生取得联系，将学生的治疗情况及时反馈给家长。如当时仅有家长的口头同意，建议其写一份委托函，委托在校的某个或某几个学生全权处理该生事宜，签字扫描后给留学生管理部门发一份电子邮件留存。

第三，情况极其严重、学生拒不配合治疗的，须强制带其就医。在安抚学生、通知家属的同时与其国家的驻华大使馆取得联系，并将学生的情况汇总成书面材料发给大使馆，请求大使馆的协助。

第四，学生或学生家长要求回国的，密切注意学生的心理状况，必要时要求其家属来华将学生带回；如学生问题严重而家属来华确实有困难的，可联系驻华使馆请求使馆帮助。在与使馆协调好后，待学生情况较为稳定时，可安排两个学生将其送往大使馆，由使馆联系其家属并妥善安排。

第五，学生回国治疗后欲申请复学的，学校受理其复学申请时应慎重。首先，要求其出具当地公立医院或教学医院出具的健康证明，并将家长或监护人签字后的复学申请扫描件发到学校邮箱内。收到这些材料后，学校酌情出具复学通知书，并在返校后须到三甲以上医院进行进一步诊断证明其适合学习后方可参加正常学习，并要求其监护人陪读。

在处理学生心理问题事件时，学校留学生管理老师能做到及时与学生沟通，做到逐级上报，避免事态扩大化，较好地解决了由于心理问题而引发的一系列问题。但同时我们也发现学校在以下几个方面应进一步改进：

第一，入学时应进行心理测试筛查，编制适合留学生的心理测试。

第二，建立留学生心理健康中心。高校应建立起专门针对来华留学生的心理健康辅导中心，聘请心理健康学者担任咨询师的工作，针对来华留学生的心理特征，结合生源国文化，解决留学生心理健康出现的各类问题。

第三，充分发挥留学生会的作用。留学生会在处理学生突发事件尤其是心理问题的作用不容忽视，留学生往往对学生会的成员更加信任，愿意与他们交流。因此，留学生辅导员要经常与学生会沟通，密切掌握学生的思想动态，在出现问题的时候，学生会可以利用自身的优势处理问题。

第四，留学生辅导员的心理咨询培训。高校辅导员是直接服务管理来华留学生的一线工作人员，来华留学生的专任辅导员应该具备相应的心理咨询师技能，提高其心理问题敏感度和解决心理健康问题的能力，在与学生接触的第一时间发现问题并解决问题。

有预案会应变，处理好突发事件

（沈阳医学院　李　刚　田宜霞）

随着我国留学生事业的蓬勃发展，外国留学生来华学习的人数不断增加，在留学生管理工作中经常会遇到学生突发疾病、寻衅滋事、意外伤害及扰民等各种突发事件，进一步增加了留学生管理的难度。因为语言、地域、文化及宗教的差异，留学生在面对紧急突发事件时不懂得如何应对，这就需要留学生管理老师及时给予指导和帮助。现简要介绍我校留学生突发疾病住院治疗处理情况。

一、事件回顾

2015 年 11 月 25 日凌晨，我校 2013 级尼日利亚籍留学生陆陆突然昏厥抽搐，被紧急送医治疗，被诊断为急性尿毒症重症，病情十分危急。学校立即启动突发事件应急预案，在校方和医院的共同努力和通力协作下，该生病情得到了有效的控制，病情稳定后已回国手术治疗。

二、处理经过

我校尼日利亚籍留学生陆陆于 2015 年 11 月 25 日凌晨在家中突然昏厥抽搐，口吐白沫并失去意识，被室友紧急送往沈阳市第四人民医院急救。学校紧急启动突发事件应急预案，按照应急预案程序，辅导员老师于事发后立即赶到医院，详细了解病情，与家长取得联系，并将情况及时上报部门有关领导，垫付前期医疗费用，积极配合医院对学生采取紧急抢救和治疗。经诊断该生为急性尿毒症重症，病情危急，有生命危险，须立即住院治疗。经家长同意后，陆陆当日顺利入住沈阳市第四人民医院肾内科。次日，辅导员老师与保险公司联系为陆陆支付后续治疗费用。为给陆陆提供一个更好的治疗环境，在学校领导的帮助和协调下，陆陆转入我校附属中心医院继续进行透析治疗。在陆陆整个住院期间，我校留学生会组织留学生志愿者轮流照顾陆陆的生活起居，并随时告知陆陆的治疗情况。经过一个多月的治疗，陆陆病情稳定，经医院和陆陆家属同意后，陆陆出院并回国手术治疗。

三、事件带给留学生管理部门的思考

第一，鉴于留学生数量日益增大，突发事件时有发生，因而建立突发事件应急预案是必要的。在突发事件发生时，各部门才能按照预案迅速准确的处理突发事件，避免发生后续问题。

第二，加强新生入学教育，向留学生讲授和普及安全防范常识和应对突发事件基本的方法，并通过具体事例对学生进行现实教育。

第三，辅导老师须建立完整灵活的学生联络管理体系。根据留学生的自身特点，辅导员可以建立灵活的学生联系体系以方便管理学生，可以以寝室为单位，可以以班级为单位，可以以国家为单位，等等。在突发事件发生时，这个联络体系就可以迅速的联系和定位学生。另外，充分发挥留学生干部和学生会的作用。学生干部来源于学生中间，也是优秀学生的代表，他们更能知道学生的需要，更能理解学生的需求，同时也更服从学校老师的管理，通过学生干部的以身作则和帮助，引导和帮助学生的效果会更好。

　　第四，建立健全留学生家长的联系方式。因为宗教和文化背景不同，留学生家属对我国医疗方法和手段有不同的理解和看法，因而在有些紧急情况下，仍必须征求并获得学生家属的同意之后才能对学生进行治疗。

　　第五，留学生必须办理医疗保险。保险公司为突发事件的处理提供了有力的资金保障，留学生在华学习期间必须购买留学生保险，方能注册学习，这是对学生本人的保障，也是对学校的保护。

　　留学生管理老师需要在日常管理工作中，不断学习提高自身业务能力，不断加强处理突发事件的应对能力，才能够及时发现问题，解决问题，为我国来华留学管理工作贡献自己的一分力量。

第四部分：敬业奉献加爱心，全力培养友华之人

依法治校与人文关怀并重，培养知华友华人才

（鞍山师范学院　王琳琳）

作为一所地方高校，鞍山师范学院留管工作具有留学生教育普遍性与地方办学特殊性相统一的特征。我校坚持依法治校与人文关怀相结合的教育管理理念，采取一系列举措努力培养知华、友华人才。

一、完善制度建设、统筹教育教学监控，实行全过程管理

注重从入学申请到学生离校各个环节的监控和管理，实现全过程管理规范性、科学性和系统性的统一。

学期初，做好新生入学工作，打造入学辅导品牌教育项目。目前，我校生源四成来自俄语类国家，四成来自韩国，另外二成来自美洲、欧洲和非洲国家。学期初，教育管理科都会根据学生类别和语种进行入学辅导，以俄语、韩语、英语多种语言将我国外国人管理相关法律法规、校纪校规、消防及治安安全知识、保险使用说明和入学的各项工作介绍给留学生，并针对不同学生群体的特点，总结已有经验和案例，不断更新讲解内

容。完成辅导后，请留学生在《鞍山师范学院来华留学生管理规定阅读承诺书》上签字，实现由学校管理向学生自我管理的下移。教学科的老师分别就本科生和语言生相关教学管理规定详细解释，特别强调考勤、考核办法以及毕业标准相关内容，督促大家保证出勤、认真学习，同时请高年级的优秀学生做经验交流，传授学习方法。入学辅导意义重大，具有依法治校首因效应，对预防各类突发事件，解答学生疑问起到积极作用，也很受留学生欢迎。

学期中，着重做好考勤和住宿管理工作。严格监督出勤情况。留学生管理科与各班班主任联动，实行"日考勤、周总结"的考勤制度，并在每两周一次的学院例会上公布考勤结果、讨论各班情况。管理科依据《来华留学生考勤管理规定》中的处理办法，对不同缺勤情况及时教育和处理。做好校外住宿管理工作，我校留学生可自主选择在校内或校外居住。校外住宿者首先要向办公室提出申请，详细填写《来华留学生外宿申请书》，签署《来华留学生校外文明住宿保证书》并上交房主身份证复印件及租房合同。学院定期组织老师去校外住宿学生家中走访，了解其周边环境，并对煤气水电等安全问题进行提示，同时送去学校的关怀与慰问。

学期末，做好离校工作。留学生办公室制作《来华留学生离校通知单》，规范离校流程。《离校通知单》主要内容包括各项费用清查、离校离境时间统计、毕业去向、签证情况、毕业（结业）证书领取情况等。统计后，能确保人数清、情况明、易总结。

二、以人为本、服务先行，实现 24 小时无缝隙管理

"一切从学生出发、一切为了学生"是我校留管工作的指导

思想，爱心和责任心最能打动留学生、激发他们的潜力，帮助他们适应新的学习和生活。我们的最大体会是：根据留学生文化适应特点开展各阶段工作、关注留学生最关心的问题并给予及时帮助是最切实的"以人为本"。

文化适应的"U曲线"是指导各项工作的抓手，我们的做法是：在"蜜月期"多组织联谊活动、文化体验，展现新文化的魅力，激发广大留学生的热情；在"挫折期"举行座谈会和文体活动，帮助遇到"文化冲突"的同学解决问题，融入新的集体；在"恢复期"开展中国文化考察和生源国文化日、国际美食节等国际文化推广活动，帮助新生认识不同文化，增强自信心；在"适应期"充分发挥留学生会作用，给予学生积极肯定和关注，实现学生自我管理。

在学生最需要的时候帮助他们，如遇到突发事件、生病入院、与他人发生冲突、毕业生申请更高层次学习机会时等。为了更好地为留学生服务，除留管人员力量外，我校还聘用了留学生公寓管理员和外籍实习生，组建了中国大学生辅导员和外事协管员学生工作队伍，建立了24小时无缝隙值班制度，能确保在学生需要时第一时间响应。

三、开展"发现鞍山、留动辽宁、感知中国"系列活动，培养知华、友华人才

在基金委"感知中国"的感召和指引下，我校进一步完善留学生语言文化实践教学体系，开展了一系列"发现鞍山、留动辽宁、感知中国"活动。

第一，依托鞍山地域文化和我校特色，开展鞍山文化考察和汉语实践活动。每学期，学院组织留学生开展地域文化考察活动，包括钢铁文化、千山文化、温泉文化、玉石文化等；了解鞍山市非物质文化遗产项目，如鞍山评书、千山寺庙音乐、

海城喇叭戏、岫岩玉雕等。同时，积极参加市级相关活动，如参加市委宣传部组织的"印象鞍山"和"外眼看鞍山"征文活动，参加鞍山市"种下友谊树，缔结鞍山情"为主题的国际友谊林植树活动，参加千山龙泉寺中秋赏月活动等。此外，我院注重汉语言专业留学生实习实践基地建设，在见习和实习期间，留学生们走进玉佛苑做双语导游、参观汤岗子疗养中心后撰写调研报告、赴西柳商贸城学习经营模式，切实提高汉语应用能力。

第二，响应辽宁省留管学会号召，积极参加各项活动。我校与辽宁省留管学会保持积极沟通，认真领会学会工作精神，积极参加学会会议、培训，并组织政府奖学金生参加"感知中国"活动。我校先后两次参加了由沈阳师范大学发起的"感知中国"活动，政府奖学金生加深了对辽宁的认识和感情，迸发了更高的学习热情。活动组织过程和方法对我校相关工作有很大的指导和借鉴意义。

第三，弘扬中国优秀传统文化，培养留学生文化感知力和跨文化交际能力。每学期为留学生开设传统文化选修课程，包括"听京剧、穿戏服、画脸谱"京剧文化系列课程，"剪喜字、刻窗花、编中国结"传统手工艺系列课程，"写对联、送福字、画国画"传统书画艺术系列课程，"打太极、抖空竹、打长拳"传统体育系列课程等。同时，我校着力创建留学生品牌活动，营造学校国际化氛围、促进各文化融合，如中外大学生"一对一助学伙伴"、留学生汉语知识大赛、国际文化推广系列活动等。

留学生教育管理工作任重道远，与同行的交流和学习至关重要，希望我们继续携手同行！

用爱心架设友谊之"桥"

（渤海大学　赵朋亮）

习近平总书记在 2014 年 9 月祝贺全球孔子学院建立十周年暨首个全球"孔子学院日"的贺信中指出，世界各国人民创造的灿烂文化，是人类共同的宝贵财富。我们应该通过交流互鉴和创造性发展，使之在当今世界焕发出新的生命力。

国家强大必定吸引世界的目光，也必定吸引大批海外留学生求学于此。随着我国综合国力和国际地位的增长，中国已经成为世界第二大经济体，来华留学生人数每年都在不断攀升，目前已达 36 万多人，学生来自世界每一个国家。

渤海大学现有留学生 500 余人，来自 30 多个国家和地区。留管老师在工作中与留学生接触时间最多、最直接，他们每天都要与留学生的生活、学习、心理、个性紧密接触。年轻的留学生是每个国家的未来，他们来到中国便是一座桥梁，一双看中国的眼睛，一支评价中国的笔，如何能够培养知华、友华、爱华之才，通过他们与中国架设一座友谊的桥，是摆在每个留管面前的一项任务。笔者认为，敬业、奉献加爱心就是这座友谊之桥的基石。

中国有句古话："十年树木、百年树人"。播种友谊之树也是一样，开始得到的，也许不是令人愉快的，令人欣慰的鲜花，但是更多年后，友谊之树就会开花，就能收获到丰硕的果实。对于留管老师来说，做留学生工作要热心、细心、耐心，更要有一颗爱心。来自异国的留学生远离祖国和亲人来到中国学习，他们通常会面临五大问题：气候、饮食、心理、生活习惯、人际交往。很多人缺乏对中国的了解和对中国人的了解，所以要让留学生觉得留管老师待人热情，可亲可靠。

换位思考替他人着想是中国人的立德之本。初到我校的留学生对一切都很陌生，生活中留管老师经常到留学生的寝室去嘘寒问暖，了解留学生在生活中的困难，帮助他们解决困难。有些国家的留学生自己做饭吃，留管老师就亲自带他们去早市买菜，告诉他们哪里的蔬菜便宜还新鲜，时刻查看厨房的设施是否齐备，及时更换，及时打扫，看到寝室里有剩饭菜，就提醒留学生要加热后再吃，注意食物卫生。有的留学生生病了，留管老师一定会亲自带学生去医院救治，有的学生于术后，老师还会彻夜陪伴，帮助他们买饭菜，与医生沟通病情及时反馈学生及异国的家人，每每如此，学生家长都会从国外打来电话对学校、老师表示深深的感谢之情。有的学生与其他国家的学生发生了矛盾，老师不会简单的批评与训斥，而是给他们讲中国人的宽容之道，让他们理解，身处异国，相逢是一种缘分，要珍惜这份友谊，这也是他们彼此之间的友谊之树。有的留学生家境并不富裕，到了冬天舍不得买羽绒服，留管老师就把自己多余的羽绒服送给留学生，为了打消留学生觉得被怜悯的想法，老师就给留学生讲中国人的勤俭节约美德，让他们知道中国人是不喜欢浪费的人，老师是因为想被大家喜欢才请他们留下帮忙。这样留学生既没有觉得被施舍，也得到了温暖，很开心。

生活中的爱心仅是留管工作的一个方面，组织丰富多彩的课余文化活动，让他们体验中国文化，消除寂寞无聊的时间，快乐地度过学习以外的时光也是留管工作的重要一面。我校每逢重大节日，都会组织留学生开展庆祝活动，如品传统美食、讲传统故事、剪窗花、贴对联、猜谜语、包饺子，让留学生沉浸在绚丽多彩的中国文化之中。另外，文体活动也是留学生生活中必不可少的内容，留学生有自己的音乐节、各种球类比赛，我们还邀请留学生参加中国学生的社团，一起排练节目，一起做公益活动，让留学生彻底融入到校园文化生活中，让他们觉得自己就是学校的一分子。

留管老师经常对留学生们说，你们来到中国，来到渤海大学就是对中国人的信任，对渤海大学的信任，你们的家人不在你的身边，我们就是你的家人，我们要做你家人做的事。

展望未来，我国的留学生教育事业将会有更大的发展，作为留管工作者一定要不辱使命，努力奋斗，多多培养友华的杰出人才，用敬业、奉献加爱心奠基起中国通往世界的友谊之桥。

非洲留学生们的暖冬

（渤海大学　李明慧）

随着渤海大学孔子学院奖学金留学生数量的逐年增加，我校安排了专职老师负责孔子学院奖学金留学生的日常管理工作，并完善了孔子学院奖学金留学生档案建设工作。由于国家汉办资金到账等原因，我校还及时为奖学金生垫付签证费、体检费和生活费，确保奖学金生的学习生活正常进行。

渤海大学孔子学院奖学金生大都来自位于非洲中东部赤道南侧的布隆迪，那里全年平均气温 29 摄氏度，属于热带气候，与锦州的气候反差很大。国际交流学院的留管老师注意到这是非洲留学生第一次在锦州过冬，御寒衣物准备不充分，加之冬衣的价钱较昂贵，有些留学生还因为受凉感冒导致腹泻，十分不适应。国际交流学院决定按他们的体型购买冬衣，送去温暖。奖学金学生代表 Ntakirutimana Jean Michel 说："没想到锦州的冬天这么冷，我和我的朋友们都快受不了了，这些衣服真的很及时，谢谢你们！"拿着暖和的冬衣，每位留学生的脸上都露出了温暖的笑脸，国际交流学院的老师和他们一一握手，留学生们也回以热情的拥抱。留管老师们还走访了奖学金生的寝室，查看床品、室温情况，奖学金生们备受感动。他们表示一定会更加刻苦学习，不辜负孔子学院、渤海大学的支持和培养，一定做中非友谊的传递者。

2015 年 12 月初的一场大雪后，来自布隆迪的孔子学院奖学金留学生 Kanyamuneza Honorine 不慎滑倒摔伤，导致右腿胫骨、腓骨下段粉碎性骨折。国际交流学院的留管老师第一时间将其送往医院救治，垫付五万元医疗费，并在手术期间全程陪护 5 个小时。术后国际交流学院为其购买轮椅、腋下双拐、营养品和接骨中药等物品，还特殊定制全侧开面裤和大棉袜子。学院院长和书记也多次前往医院探望，学校还安排车辆接其出院、换药，让留学生感受到家人般的关爱和温暖。

春节是团圆和喜庆的代名词，压岁钱这一传承了千百年的习俗在渤海大学国际交流学院内依然保持着传统的特色。2016年 2 月 6 日，农历腊月廿八，国际交流学院院长和留管处老师们一同前往锦州市中心医院看望手术住院的孔子学院奖学金学生 Kanyamuneza Honorine，并为这 9 名来自布隆迪大学的孔子学院奖学金生发放了压岁钱和年货大礼包。

国际交流学院院长关切地询问了 Kanyamuneza Honorine 的病情，鼓励她安心养病，利用假期好好休养，希望她早日康复，过上正常的学习生活，并祝愿同学们在渤海大学的大家庭中，过一个欢乐、祥和、美好的中国年！随后，留管老师们将一个个带着节日祝福的红包发到留学生手中，并为他们解释了"压岁钱"的含义，留学生们立刻心领神会，纷纷"笑纳"。欢乐祥和的中国年将成为留学生们共同的向往和记忆。

国际明星，圆梦大工

（大连理工大学　衣红连）

　　据教育部公布的 2015 年来华留学生数据显示，目前来华留学生人数已近 40 万，来自 202 个国家和地区，分布在 31 个省份的 811 所高等学校、科研院所和其他教学机构中学习。其中既有读学位、搞研究的，也有定向进修、短期速成的。充分良好地利用如此庞大的留学生资源，大力培养其知华、友华情结，对于提升我国高校知名度和国际地位，树立国际形象等，具有重要作用。

　　大连理工大学在来华留学生教育管理工作中不断努力探索，积极寻求留学生教育管理工作模式创新，培养留学生的亲华、友华情结是其中不可或缺的重要工作内容。针对该项工作，大连理工大学有一项创新措施即"国际学生明星计划"。所谓"国际学生明星计划"，即在日常国际学生活动中，注意观察发现有突出才艺的留学生，之后对其才艺进行培养提升，为其提供丰富的机会和平台以展示自身才艺，并通过大连理工大学新闻网、国际教育学院官方网站、国际教育学院"官方微信公众号"等新媒体平台推送专访文章进行大力宣传，通过系列措施打造优秀国际学生明星形象，增加留学生与学校学院及中国学生沟通交流的机会，提升其自信心、荣誉感、集体意识和主人翁意识，积极参加学校组织的各项活动等，同时通过榜样效应使其带动身边的留学生朋友共同协助学校工作的开展。本文主要从以下两个案例，分享大连理工大学国际学生明星计划的相关经验。

来自俄罗斯的罗百灵同学，在大连理工大学歌手大赛中脱颖而出，夺得冠军。后期经过与老师的沟通交流，罗百灵同学更好地融入了大连理工大学这个大家庭，多次协助学校工作，积极参加国际文化节、新年晚会、才艺表演等学生活动，成为校园明星。在老师们的鼓励与帮助下，罗百灵同学报名参加中国中央电视台的《黄金一百秒》和《回声嘹亮》栏目并获得冠军，参加中央电视台的《星光大道》栏目进入年度总决赛并获得季军。罗百灵同学表示，只身一人在中国读书，老师们发现她的才华并予以重视，还帮助她报名参加央视当红节目的比赛，而且取得了优异的成绩，这给她带来很大的成就感和归属感。罗百灵同学于 2014 年毕业回国，在俄罗斯国际语言学校工作。回国后百灵同学仍积极寻求回到大连理工大学的机会。在她的努力下，终于实现了大连理工大学和俄罗斯国际语言大学的合作项目，每年六月份她都会带领俄罗斯的学生到大连理工大学进行短期语言学习，她说："每一年我都很期待六月份快点到来，因为我可以在六月份回到我的大连理工大学。"现在罗百灵同学已由大连理工大学校长颁予证书，成为理工大学优秀国际校友，她表示以后仍会继续努力寻找与大连理工大学合作的机会，会经常回母校看看。

大连理工大学有一支国际学生自发的实力派乐队即 The Lazy Dreamers（梦中人）乐队。该乐队由来自西班牙的飞扬（主唱）、马其顿的维拉迪（架子鼓）、俄罗斯的玛克西姆（吉他）和韩国的安孝镜（贝斯）四名留学生组成。该乐队四名留学生来自不同的国家，却有着同样的音乐品味，对于组建乐队一拍即合，并且配合默契，四人合作翻唱了许多经典歌曲，并且共同创作出很多优秀的音乐作品。梦中人乐队在大连理工大学国际文化节报名参与表演并名声大噪，后期通过老师的帮助进行大力宣传，尽可能多地为其提供表演的机会和平台，如大连理工大学校园嘉年华、国际文化节、毕业晚会、新年晚会等。

另外，该乐队也参与了"HELLO DUT"大连理工大学招生宣传片的拍摄。随着梦中人乐队的名气日益增大，大连多所高校如大连东软信息学院等，曾发函邀请梦中人乐队前往表演，以推动校际交流合作。目前梦中人乐队是大连理工大学国际学生明星计划的重点培养对象，为加大宣传力度，大连理工大学宣传部及大连理工大学国际教育学院分别为梦中人乐队作了专访，在官方网站推送图文，并使其登上校园杂志封面。目前梦中人乐队已出版自己的专辑，学校也在努力为其拍摄乐队原创歌曲Confucius 的 MV，并尝试推送到大连电视台和中央电视台参赛，以扩大其影响力和知名度。乐队在学校的关怀和指导下获得了良好的发展，乐队中的四名留学生也与理工大学结下深厚情谊，学校学院需要乐队的时候，他们都会作为一个集体积极协助学校工作。乐队主唱来自西班牙的飞扬同学最初只是在大连理工大学学习汉语，但是一年的汉语学习结束后，她又立即申请了大连理工大学的硕士，目前就读于人文学部硕士一年级。乐队中的任何一名成员都不愿离开大连理工大学，因为在这里他们有着丰富的机会，有着无数热爱他们的粉丝，还有关爱他们的老师们。四人曾共同表示，他们会尽最大的努力一起留在中国发展。

以上案例显示出大连理工大学通过国际学生明星计划培养留学生的亲华、友华情结取得了巨大成功。明星计划能够极大提升国际学生的活动参与积极性，通过学校的指导和宣传扩大其知名度和影响力，利于增强国际学生的荣誉感，使其体会到融入大连理工大学这个大家庭的归属感，从而乐于为学校的招生宣传、学生活动、教学管理等工作贡献自己的力量。

很荣幸有机会与辽宁省优秀高校分享大连理工大学的留学生教育管理创新实践，希望通过本文进行经验分享，促进校际交流与合作，共同推动辽宁省留学生教育管理工作更好更快地发展。

以培养知华友华人士为导向，提升留学价值取向和认可度

——以东北财经大学优秀毕业生为例

（东北财经大学　赵嘉励）

来华留学教育是东北财经大学国际化战略的重要内容。20多年来，东北财经大学来华留学生教育工作经历了从无到有、从小到大的发展历程。我校始终坚持以国际商务人才需求为导向，以特色求生存，以创新促发展的发展理念，以优势学科为龙头，以汉语进修为基础，以"商务汉语"和全英文授课为两翼，积极探索培养"语言＋专业"的具有跨文化交际能力和国际视野的复合型国际人才，现已形成具有财经院校特色的留学生教育品牌。

截至 2015 年 11 月，东北财经大学留学生规模达到 1080 人次，国别数达到 98 个国家，分布在五大洲，其中长期在校生965 人，包含学历生 691 人，占长期留学生的 72％。留学生规模、结构等指标均达到历史最好水平。我校累计培养留学生学历生 4000 余人，遍及世界 5 大洲，近 100 个国家。我校的留华毕业生就业渠道广泛，涉及商贸、金融、文化、外交、媒体、教育、酒店、餐饮、服装、物流、IT 等行业。这里从我校一些优秀留学生毕业生的实例，谈谈我校来华留学教育的几点经验和体会。

一、服务国家政治外交，培养知名校友，推动中外友好交流

20多年来，我校一直把培养具有国际视野、跨文化交际能力，具有通语言、懂经济的复合型国际商务人才为己任，注重留学生的情感交流，培养母校情结和感恩之心。有建树、且有一定社会知名度的留学生校友逐渐显现出他们的才华以及对华友好。已有多名留华毕业生在外交领域，正为推动中外友好交流作出积极的贡献。

日本留学生二阶直哉，是日本众议院资深议员、日本全国旅行业协会会长，原日本产业省大臣、自民党总干事长之子。二阶直哉先生及其夫人，曾在我校进修过汉语，以优异成绩毕业回国后，一直追随其父亲，从事着对华友好活动。目前担任其父亲二阶俊博的秘书工作。在近几年中日关系处在冰点之际，曾协助其父亲率5000人的民间友好访华团赴中国，在人民大会堂受到江泽民主席等中国领导人的热情接见，其后又促成13000人访问中国，受到温家宝总理的亲切接见。在华访问期间，二阶直哉先生陪同上百人的访华团到母校东北财经大学访问，受到了大连市政府及东北财经大学的热情接待，收到良好反响。

韩国留学生姜贞美，毕业于我校世界经济专业，取得博士学位，现在韩国驻成都总领事馆担任研究员，主要从事中韩经济问题研究；韩国学生朴钟相，毕业于我校国际贸易本科专业，现在韩国驻沈阳总领事馆担任研究员，从事经济贸易洽谈业务；尼日利亚留学生阿布和沙一都，分别为我校国际贸易专业硕士生和企业管理专业博士生，曾担任尼日利亚驻华大使馆经济事务参赞和办公室主任。还有多名韩国留学生在本国政府部门担任对华事务官员。

二、实行情感教育，优化管理和服务，实现留学中国梦想

东北财经大学坚持树立"以人为本"的留学生管理思想，建有完备的留管体系，制定和完善了一系列细致入微的服务管理章程，形成以留学生班主任、辅导员和项目负责人为主体的、立体化、无缝隙、全天候的留学生管理团队，全面了解和掌握留学生的学习、生活等动态信息，培养留学生的跨文化交际能力及心理承受能力。在过去二十多年来华留学教育过程中，留学生们充分感受到作为东北财经大学一员的自豪感和归属感。留学中国的经历改变了他们的人生轨迹，成为传递爱心的使者。

韩国夫妇郑安德先生和郑珠丽女士，于1990年在我校留学，在我校学习结束后到北京生活和工作。十年前，郑女士一心想为中国孤残儿童捐赠一些学费，也正是这个偶然的机会，他们夫妇收养了第一个残疾孤儿。而后又陆续有残疾的孤儿从全国各地的孤儿院来到他们的家，郑安德夫妇在2008年辞去了在北京优越的工作，搬到了广西阳朔，自己出资创办了"幸福家园"，先后收养了17个有先天缺陷的孩子，这个爱心事业一直传承下来。

1992年在我校留学的美国留学生Matt和Hope夫妇，他们夫妇一直有着浓浓的中国情结，先后收养了两个华裔残疾儿童，回国后担任美国田纳西州Johnson University的汉语教师，每隔一年都会带着自己的学生到我校进行短期交流学习。Matt夫妇有着执着的中国梦想，他们在美国已培养了近千名学习汉语的学生，组织了上百人到我校学习。他的学生有的继续留在中国生活和工作，有的还与中国人组建了家庭。

三、注重个性化培养，提升留学生的综合能力，拓宽就业渠道

多年来，东北财经大学建立了一整套完备的留学生实践教学体系，在课堂教学的同时提升学生的综合能力，许多优秀毕业生都是在校期间各类活动的积极参与者。我校每学期一次的跨省市语言实践活动已开展十余年，形成了独具特色的实践教学品牌，还与大连的企事业单位建立了长期合作关系，为留学生提供稳定的实习场所，涉及酒店餐饮、装备制造、外资企业、农业产业等社会生活的多个领域，为留学生的实习见学活动搭建了理想的平台。此外，精心为留学生安排了形式多样的课外实践及文体活动，既增长了学生的实践经验，又丰富了学生的中国文化、历史及社会知识，开阔了留学生视野，同时也为留学生就业和职业发展提供了潜移默化的影响。

乌克兰留学生安娜，2010 年 9 月获中国政府奖学金资助，经我校推荐，安娜成功应聘加入香港卫视，经常担任各类高端访谈节目的主持人。俄罗斯留学生弗拉德也是中国政府奖学金生，曾两次晋级"汉语桥"在华留学生汉语大赛北京总决赛，取得了全国 12 强和 30 强的优异成绩。此后，弗拉德同学经常被央视及各省市电视台邀请参与各类节目的录制并参与国内电视连续剧的拍摄。此外，在众多留学生毕业生中，其中不乏创办自己的公司，开展对华经济、教育、贸易、旅游等方面业务，对推动母校的发展建设起到一定的帮助和贡献。比如，泰国学生李小龙、苏达宁毕业回国后分别创立了自己的留学中介公司，每年为我校推荐很多汉语进修生和学历生。日本学生谷绫贵毕业后，在大连瓦房店创立日资企业，成为一家金刚石有限公司的负责人，不仅为当地人提供就业机会，也为 GDP 的增长做出了一定的贡献。

　　东北财经大学对来华留学教育始终以人才培养为中心，不断创新培养模式，在开展特色的商务类课程建设的基础上，自始至终将中国传统文化、中国国情、中国人文、中国民俗等文化知识类课程贯穿课程体系，并通过完善的留学生管理制度和开展各种语言实践活动，谨记以培养知华、友华、爱华人士为目标的历史使命，努力实现培养卓越国际人才的目标。

下编 · 教学管理

第一部分：全国学会2016—2017年重点研究课题

深化改革，不断创新体制机制，高水平发展来华医学留学生教育，打造品牌特色

（大连医科大学　韩记红）

随着中国国力的不断增强和国际地位的不断提升，来华留学生教育已经成为高等教育体系中的一个重要组成部分，已经成为大学教育国际化的重要内容和体现。大连医科大学学历留学生规模教育始于2004年，从2009年开始，学校学历留学生规模、生源国数量以及高层次学历留学生比例均居全国医学院校和辽宁省高校之首。留学生教育质量不断提升，已进入打造一流的、与国际接轨的医学留学生教育品牌发展的关键阶段。

一、大连医科大学来华留学生教育发展历程介绍

2000年大连医科大学留学生教育以少数短期进修生和语言生为主，尚无学历学位生。2002年学校为加速发展，提出了国际化办学的战略目标，并将之作为学校跨越式发展的三大战略之一。近些年来，学校按照面向世界、积极与国际知名大学开展紧密合作的对外交流合作理念，扎实推进国际化办学战略，并取得了良好的成效。截至2014年年底，学校已与38个国家

的 103 所院校开展了实质的交流合作，推动了来华留学生教育的发展。2004 年，学校招收了第一批来自 4 个国家的 108 名学历学位外国留学生，开设了英语授课的教学模式，开辟了学校发展学历学位留学生教育的新局面。随着来华留学生规模的不断发展壮大，2005 年 5 月，学校正式成立了国际教育学院，负责来华留学生教育、港澳台华侨学生教育；2007 年 6 月，学校成为教育部首批具备招收英语授课医学留学生资格的 30 所院校之一，为医学留学生教育的发展提供了强有力的推动力；2009 年，学校被教育部批准成为中国政府奖学金来华留学生培养院校；2012 年，学校成为辽宁省首批来华留学教育示范基地；2013 年，学校成为教育部全国来华留学教育示范基地，成为中国政府奖学金生自主招生院校。截至 2014 年年底，在校留学生数为 1585 人（学历学位生 1484 人），国别数 100 个，学历留学生数占全校学生总数的 11％，留学生研究生占学历留学生数量的 16％，生源国和规模继续位居全国医学院校之首，在校留学生数量位居辽宁省高校之首（数据来源于教育部来华留学生管理信息系统）。

二、大连医科大学开展学历留学生教育，努力打造教育品牌的主要做法

（一）不断完善和创新留学生教育管理体制

2002 年 10 月，为推进国际化发展，学校成立了国际交流中心和国际交流合作处（合署）。2005 年 5 月，随着留学生教育事业的蓬勃发展，在原有机构基础上，设立了国际教育学院，负责学校的国际教育工作。

近些年，随着国际教育事业的不断发展，学院的机构设置不断进行调整，合理布局，体制愈趋完善，以适应国际教育事

业发展的需要。目前，国际教育学院共设四个科级行政管理机构：学院办公室，教学管理科，本科留学生服务与管理办公室，留学生、研究生及中国奖学金生管理办公室。

教学系统也更加完善，发挥学校现有资源优势，结合学院特色，在国际教育学院内部设立了三个教学机构：对外汉语教研室、医学汉语教研室和跨文化研究中心。

这种新体制的构建有利于协同创新、和谐发展，使员工工作后劲更足，使各项工作向更深更广方面发展。同时也进一步提高了学校国际教育的工作水平，加快了国际教育的国际化步伐。

（二）学校高度重视留学生教育，在不同发展阶段，将来华留学生教育纳入学校总体发展规划之中，使来华留学生教育健康、快速、可持续发展

2002年，学校为保证来华留学生规模、层次、质量的协调发展，把国际化办学作为学校未来发展的"三大战略"之一。

2005年，在学校制订"十一五"规划中，将留学生教育列入学校的总体发展规划，明确要积极发展学历学位留学生教育，加速大学的国际化进程。在这一阶段，学校留学生教育以"拓宽渠道，扩大规模，以数量求生存"为发展目标。

2010年，在学校制订"十二五"规划中，将"规模稳步增长，结构进一步优化，质量不断提升，办学效益进一步提高，促进规模、结构、质量、效益协调统一，推动来华留学事业高水平、健康、可持续发展"的目标作为这一阶段来华留学教育的发展目标。

2015年，在学校制订"十三五"规划中，明确深入实施"教育国际化工程"，不断深化留学生教育改革，着力打造留学生教育品牌。

（三）以确保生源质量为前提，创新招生管理模式，实施来华留学生招生新举措，实现来华留学生教育的可持续发展

第一，加大招生宣传力度，拓宽招生宣传渠道。建立外文网站、积极参加国内外教育展、招生说明推介会、国际学生开放日等显性宣传活动，积极宣传学校教育资源，将我校医学留学生教育推向世界；与生源国当地的知名出国留学机构建立了紧密的合作关系，输送优质生源；同时利用国际交流合作成果与合作关系院校大力发展国际学生互换、短期培训等项目，带动了短期留学项目的发展，实现了招生的多层次性；积极利用本校学生和海外校友资源，定期向他们发送学校的最新宣传材料，使之成为招生宣传的重要力量。

第二，设立丰富的奖学金种类，吸引国外优质生源。为吸引高质量、高层次的优质生源，学校不断加大奖学金力度。充分发挥好国家、省、市政府奖学金的作用，不断扩大生源国数量。近几年，学校不断投入资金，加大校级奖学金的设立，吸引更多的优质生源来校学习，保持留学生规模稳定、全面协调发展。

第三，严把招生质量关，完善入学考试考核体系。学校根据不同国家的入学考试特点，制定了一套符合留学生事业发展的招生及录取标准和入学考试体系，为学校生源国国别调整，生源质量和教学质量的进一步提高提供了可持续发展的保障。

第四，规范入学手续办理，严格执行审查审批制度。国际教育学院设立了专门的招生机构，专人负责招生事宜，确保了留学生入学程序规范有序。学校按照发达国家国际学生招生的通行惯例，实行严格的审查资格，交入学保证金，提前付清各种费用等，再发JW202表，实行了一套规范的入学程序，很好地保证了生源质量。

（四）注重留学生培养质量，不断提升留学生培养水平，创建一流的医学留学生教育品牌

近年来，学校遵循高等教育规律和医学教育规律，以国际化医学教育理念和医学精英教育理念为核心，按照国际医学人才培养标准，参照生源国医学教育培养要求，积极推进留学生医学教育改革；不断创新来华医学教育理念和模式，建立了特色的医学教育质量培养体系；构建特色教学计划；编写特色国际化系列教材，全面修订课程标准和教学大纲；加强国际化师资队伍建设；改革考试模式，建立临床实习考核标准，使来华留学教育更加符合国际医学生培养要求；建立了"专家—学生—教师"三位一体的教学监控评估体系，成立了留学生教育教学督导团，聘请国外知名大学专家学者以及生源国医学会成员参与留学生教学督导及咨询工作，建立了国际化的留学生教学质量监控体系，全面提高教学质量。

（五）以国际化的理念，创新国际学生服务与管理的新模式，全面提升国际学生的服务与管理水平

第一，建立了来华留学生信息系统管理平台，实现了留学生招生录取、收费、签证、教学、住宿及日常管理的信息管理一体化，加速了留学生管理办公自动化进程，全面提升了国际学生的服务与管理水平。

第二，深入学习欧美和英联邦等发达国家先进的国际学生服务与管理的理念及经验，结合学校多年来留学生管理的经验，创建了具有"国际化、人性化、规范化"的国际学生服务与管理新体系。

第三，建立了国际型、学习型的留管干部队伍。近些年，学校为进一步提升留学生管理服务的国际化水平，引进了一批具有长期在国外学习工作经历、综合素质高、具有国际化视野的人员从事留学生教育管理工作，加强了留管干部队伍建设，提升了留学生服务与管理水平。

学院还逐步建立起了纵向培训、横向交流和"请进来、走出去"的培训交流机制，为优秀留管干部的发展创造条件，激发了他们的工作活力，进一步提升了学院面对新发展的战斗力。

（六）稳定招生规模，不断扩大留学生硕士、博士的招生数量，不断提升留学生教育层次，利用和发挥好高层次奖学金生的资源优势，努力发挥政府奖学金的使用效益

第一，创新留学生培养机制，设立了留学生本硕连读、硕博连读的教育培养模式，积极开展国际化、高层次的教学、科研等学术活动，进一步提升了学校的国际影响力。

第二，充分发挥奖学金生的资源优势，发挥中国政府奖学金的使用效益。引导留学生亲华、友华、知华、爱华，发挥奖学金生的生源国特色优势，在中外文化的交流中做出积极的贡献。

学校定期邀请国际知名大学的专家、学者来校讲学，奖学金生们足不出校便可了解国际医学前沿的学术动态。同时，鼓励高层次政府奖学金生参与到教学方法的改革与运用、教学内容的更新、医学专业辅导资料的编写及国外医学会职业医师考试辅导中，加快了学校医学留学生教育与国际医学课程体系接轨的进程。

（七）整合校友资源，加强留学生信息库建设，积极筹划建设留学生海外校友组织，促进学校各项事业的发展

近几年，学校一直在积极构建留学生毕业生海外校友组织。留学生有着在中国、在大连医科大学长期学习、生活的经历，这种浓厚的情感因素决定了留学生校友将时刻情系母校、感恩中国。留学生毕业生回国后都有着强烈的宣传中国文化、宣传学校的意识，对推动国与国之间、不同民族之间、不同文化之间的了解和融合，对进一步提升学校的国际影响力，树立学校国际教育品牌等诸多方面有着重大的意义。

（八）不断深化留学生教育改革，创新体制机制，保证留学生教育高水平、可持续发展

2014 年年底，学校召开了"教育国际化暨留学生教育改革"专项会议。为进一步提高留学生教育培养质量，强化内涵建设，树立与国际接轨的留学生教育品牌，在全国高等医学教育领域中发挥示范引领作用，推进学校教育国际化进程，出台了《大连医科大学来华留学生教育综合改革方案》，面向"十三五"，提出了新的、更高的战略发展目标和举措。

改革的总体指导思想是：遵循国际化医学教育理念和医学精英教育理念，以"稳步扩大规模，提升培养质量，打造品牌特色，发挥引领作用"为指导，以"接轨国际、培育特色、质量至上"为工作方针，以改革为契机，以提升留学生教育质量为核心，以树立医学留学生教育品牌，建设多元化、平等包容、内外交融的国际化大学文化，培养"知华、友华、爱华"的国际型、复合型、创新型优秀医学人才为方向，以提升学校的教育国际化水平，构建现代化、创新型教育体制为目标。改革主要从留学生招生录取、教育教学、服务与管理、汉语教学与文化传播体系四个模块进行。

改革的主要目标和任务是：以本科教学改革为核心，全面改革留学生招生录取、服务管理、汉语教学与文化传播体系，使之成为教学改单的有力支持和保障。通过实施教育教学综合改革，学校留学生教育将逐步实现与国际最先进的医学教育体系接轨，推进学校教育国际化进程，在全国医学留学生教育领域中，充分发挥示范作用，继续引领全国医学留学生教育。在服务与管理方面，学习、借鉴国际先进的管理理念，按照"民

主、文明、平等、包容"的国际通行价值观，构建"以学生为中心，服务为本，制度先行"的服务管理模式，完善国际学生服务管理体系，实现我校留学生管理的国际化、现代化、人性化、规范化。通过实施本科生导师制、国际学生自我服务管理制（Student Mentor）、留学生助手制（Assistant）为留学生提供专家咨询型、国际化服务，逐步构建国际化、现代化、人性化、开放式的国际学生服务管理体系。在汉语教学与文化传播方面，建立与我校留学生发展规模、水平、全国示范基地称号相适应的汉语言文化和跨文化教育课程体系；造就一批具有专业素质、热爱留学生教育事业、熟悉跨文化交际规则、具备传播中华文化自觉意识的优秀对外汉语教师和跨文化教师；培养一大批热爱中华文化、喜欢与中国人民友好往来的文化使者，营造中外文化和谐交融的校园环境。通过打破固有教学模式，创建"课堂教学、文化体验、文化实践"三步走的教学架构，建立英文授课背景下医学留学生的汉语及中国文化教学模式，提高留学生的汉语听说能力和临床沟通能力；完善机构设置，组建跨文化师资队伍，率先在留学生中开设跨文化课程，培养中外学生跨文化交际能力，营造中外文化和谐交融的校园环境。

三、十余年来，学校大力发展学历留学生教育的主要经验和体会

（一）高水平发展来华留学生教育，能快速提升大学国际化水平

近些年来，学校积极发展来华留学生教育的实践表明，高水平发展来华留学生教育，对学校大学国际化建设具有重大的推进作用，提升了大学的国际化氛围，拓宽了师生的国际视野，培养了中外学生多元文化的交流能力和国际交往能力等。

（二）高水平发展来华留学生教育，推动国际化课程体系及教材的建设，提升大学教学科研的国际化水平

学校开展留学生教育英语授课教学模式，以国际化的理念进行国际化课程体系及教材的建设。这些年来，学校主编、参编、自编英语医学专业教材 80 余部，极大地提升了学校教学国际化水平。此外，发展高层次留学生教育，也不断提升了学校科研的国际化水平。

（三）高水平发展来华留学生教育，加速高素质、高水平、国际化的英语授课师资队伍的建设

多年来，学校开展医学留学生英语授课的实践表明，高水平发展来华留学生教育，极大地提升了大学教师英语授课的能力和水平，加速了高水平、高素质、国际化的师资队伍建设，为学校培养了一大批专业外语水平高，具有国际视野的师资队伍。

（四）高水平发展来华留学生教育，已成为学校办学的特色和亮点

学校近些年国际化办学的实践成果表明，搭建高水平的国际交流合作平台，高起点发展国际教育已经成为学校办学的特色和亮点，加速了学校国际化的进程，成为学校跨越式发展的捷径。

（五）积极发展留学生教育，成为学校事业发展新的经济增长点

2014 年，大连医科大学来华留学生教育事业收入已突破6000 万元人民币。从 2004 年起至 2014 年国际教育事业收入总数突破 4 亿元人民币。留学生教育已经成为学校事业发展新的

经济增长点，极大地推动了学校各项事业的快速发展。

（六）积极发展来华留学生教育，提升学校的国际影响力

截止到 2014 年年底，我校共获得斯里兰卡、加纳、毛里求斯、泰国等近 50 个国家的海外医学会认证，进一步扩大了学校在海外招生的宣传力度，同时各国医学会、使领馆对学校医学教育给予了肯定，提升了学校的国际影响力。

"十二五"时期，大连医科大学来华留学生教育坚持"以质量、水平求更好的生存，以特色、品牌求更大的发展"的准则，不断解放思想、深化改革、锐意进取，不断推进医学留学生教育管理体制、机制的创新，不断提升留学生教育质量和水平，成为教育部和辽宁省首批来华留学示范基地，初步打造了医学留学生教育品牌，推动了来华留学生教育事业的科学、可持续发展，为国家和辽宁省来华留学教育事业的快速、高水平发展发挥了积极的作用。

医学留学生教育师资队伍建设措施初探

（锦州医科大学　丁维光）

留学生教育作为国际交流与合作的重要组成部分是高等教育国际化的重要内容之一。近年来，随着我国经济的崛起和综合国力的不断增强，很多学科以其特有的优势吸引了大批海外留学生进修学习，医学作为很多海外留学生首选专业而备受青睐。培养和建设一支素质过硬、结构合理的教师队伍，是培养高素质、高质量人才的重要基础和前提，对推动我国留学生教育向深层发展具有决定性作用。

一、医学留学生教育师资队伍建设的重要性

（一）医学留学生教育市场广泛

2010 年，教育部颁布的《留学中国计划》初步确定至 2020 年，接受来华留学生的规模将扩大到 50 万人。这对于国内众高校而言既是机遇又是挑战，大家将以更加积极，更加开放的姿态，推动本校来华留学工作快速发展。这也要求高校在教育理念创新的基础上，以超常规的举措提高师资队伍的水平和素质，精心打造高质量的教育软环境。

（二）发展留学生教育是推进学校国际化进程的需要

随着教育国际化进程的不断加快，提高教学质量，提高学

校的核心竞争力，是发展高校医学留学生教育的基础。教师是学校发展的动力，是教育国际化的实现者，是教育资源的开发者。工程院院士杨叔子曾说过："师资队伍的建设是学校建设与发展中最为基础的问题，没有高水平的教师，就没有高水平的学校，'古之学者必有师'。"高校要加快国际化进程，必须加强师资队伍建设。

二、医学留学生教育师资队伍建设存在的问题

（一）医学留学生师资队伍数量不足

近年来，高校为加快国际化进程，提高国际知名度，留学生招生规模不断扩大，虽然教师数量也在增长，但稳步增加的教师数量与急速增长的留学生数量相比，仍存在"供不应求"的现象，从而制约了留学生教育的发展。

本科高等医学院校，其临床医学专业学生须接受基础课程和临床课程的学习，基础课程在学校完成，临床课程则需要在其附属医院参加临床实践完成。附属医院的临床医生也是临床教师，他们一方面承担着巨大的医疗任务，同时还承担着临床医学生的实习带教任务。虽然长期以来，已经对传统的临床教学颇具经验，但由于语言障碍，医学留学生的加入仍然使他们难以胜任。

（二）医学留学生师资存在语言障碍

首先是沟通障碍。受我国长期传统英语教学影响，英语学习往往以考试大纲为重点，注重语法学习，而忽视英语本身交际能力的培养。另外，虽然英语是留学生国家的官方语言，但他们也存在着较为浓重的地方口音，与我们所熟知的"英音"、

"美音"都存在很大差距，这也让很多教师对留学生全英文的课堂望而却步，影响了留学生授课质量的提高。其次是思维障碍。留学生全英文的教学不仅仅是对传统汉语教学的翻译过程，而是以一种英语的思维方式，将教学内容表达出来并组织教学。

（三）医学留学生师资队伍管理制度不健全

随着留学生数量的不断增加，对教师的数量、质量及稳定性的要求也在不断提高。留学生授课资格认定、留学生师资培养及留学生师资队伍考核与激励机制等制度建设亟待解决。为引导教师通过进修学习等方式从事留学生全英文教学工作，学校应制订相应的激励政策，加大鼓励和宣传力度，形成完整配套的制度体系。

三、医学留学生教育师资队伍建设的有效措施

（一）统揽全局，将留学生师资队伍建设纳入到学校整体师资队伍发展建设中

制订留学生师资队伍建设发展规划，形成领导有力、方案合理、分工合作、整体推进的留学生师资队伍发展新格局。在提高医学留学生师资队伍数量的同时，注重师资队伍梯队建设，提高质量，保障留学生师资队伍健康可持续发展。

对外，采取"走出去，请进来"的办法。多年来，为加强我校留学生教育工作，提高留学生教学质量，我校努力拓宽留学生授课教师的补充渠道，积极从海外博士、博士后人员和国内其他高水平大学优秀博士生中选聘教师，不断改善留学生教师队伍的学缘结构和知识结构。海外引进的教师不仅具有极高的科研能力和学术水平，同时长期的海外生活经历使他们的英

语思维与沟通毫无障碍，他们的课堂不仅让中国学生享受到了知识的盛宴，更让留学生拍手称赞，成为留学生课堂的一大亮点。

对内，采取广泛培养重点选拔的办法。对有意申请留学生全英文教学的教师进行英语测试，根据测试结果分层次进行培训，使他们成为留学生全英文教学骨干。学校还成立教师教学发展中心，旨在提高学校人才培养质量，关注教师职业发展，并相继出台各类文件，鼓励教师到国内外高水平大学进行语言培训与交流。

（二）关注质量，推进留学生全英文授课教师的培养、选拔及推荐工作

积极为优秀教师脱颖而出搭建平台，创造条件。在保证师资数量的同时，重视师资质量建设，将教师的培养培训纳入规范化管理轨道，有计划、有重点地实施留学生师资队伍培训计划，促进师资队伍综合素质和整体水平的提高。

自 2010 年以来，学校利用寒暑假期间共举办十四期教师英语培训班，以集中脱产学习的方式，聘请学校优秀的具有出国经历的外语教师及美国、英国等口语发音纯正的外教，对教师进行口语和专业英语强化训练。调动了教师参加英语学习的积极性，在教师中形成了浓厚的学习风气和学习氛围。

积极实行海外培训计划，有目的、分学科、多渠道地派出教师到国外一流大学进修学习，为留学生授课教师提供良好的语言培训环境。鼓励教师参加世界一流高校或科研机构组织的国际性学术会议，开展交流合作，做到多听、多看、多练，积极拓宽国际视野。2010 年以来，我校分五批，共选拔 43 名教师赴澳大利亚塔斯马尼亚大学、昆士兰大学、美国加州大学伯克利分校、堪培拉分校等国外高等院校开展语言学习和专业知识的交流。

聘请国外高水平教师到学校进行讲学，了解国外先进的教学理念和教学方法，学习国外的思维和教学方式，使更多的留学生教师与学生了解纯正的英语教学。利用讲学的机遇，联系对接学校，互派教师交流学习，不断为留学生师资队伍输送新鲜血液。

（三）完善机制，严格留学生英语授课资格遴选制度

为了提高留学生英文授课质量，加强对留学生英语授课教师的管理，规范和推进留学生全英文授课工作，出台了《辽宁医学院留学生英语授课教师资格认定暂行管理办法》，留学生英语授课实行"持证上岗"制度。教学人员须通过留学生英语授课教师资格认定后，方可承担留学生英语授课任务，既保证了留学生全英文授课师资队伍的稳定性，也规范和加强了留学生授课师资队伍的管理，同时资格认定制度的提出及相关待遇的落实，也极大提高了教师承担留学生授课任务的积极性，对促进留学生教学质量提高起到关键作用。

我国医学留学生教育尚处于起步和发展阶段，只有不断学习，借鉴国内外高校的宝贵经验，才能不负使命，加快医学留学生师资队伍建设，提高医学留学生授课质量，发展医学留学生教育，促进高校国际化发展进程。

来华工科留学生教学管理体系与
质量管理机制研究

（辽宁工业大学　马　新　王文利）

近年来，随着大学国际化程度的不断提高，我国来华留学生数量激增猛进，来华留学生教育的发展已经进入到了规模与质量并重，速度与效益并举的良性发展阶段。然而，如何处理规模与质量，速度与效益的关系；如何解决留学生教育，特别是工科留学生教育过程中存在的问题，保障来华留学生教育事业健康可持续发展，等等。解决这些问题无疑要依赖留学生教育的根本——保证教学质量，这就要求从事来华工科留学生教育的高校要建立健全留学生教学管理体系与质量管理机制。

一、辽宁工业大学留学生教育概况

（一）我校留学生教育发展阶段

辽宁工业大学 1997 年起有语言生，2007 年开始有学历生。也就是说，我校的国际教育是从 2007 年正式开始的。2007 年，开办英语授课本科学历教育，2011 年开始硕士学历教育，2014 年获批中国政府奖学金院校资格。现在留学生规模为 560 人，其中本科生 466 名，分布在通信工程、计算机科学与工程、电子信息工程、石油化工、土木建筑和国际经济贸易 6 个英语授课本科专业；硕士研究生 56 名，分布在机械、汽车、自动化、电子、材料、化工、土木及管理 8 个学科。

（二）我校对发展留学生学历教育的认识

1. 发展留学生教育的意义

大学的文化传播功能是继承、发扬、传播和创新本民族文化。中国工科大学的特殊使命是：让世界理解、信任中国工业硬实力和软实力；提高"中国制造"国家品牌的世界影响力；为中国"走出去"的企业提供国外人才支持；营造广泛和长远的中国经济发展的国际环境（长期在一个国家生活就会对那个国家有感情，更多接收那个国家的理念、习惯、包括使用它的产品）。

2. 留学生教育对高校自身发展的作用

留学生教育促使高校更新办学理念；留学生教育促进高校国际化水平的提升，高校的国际学生毕业后肯定会增加大学的国际影响力和知名度；在师资队伍水平提升、学科建设、教学改革、校园文化等方面建设中，留学生教育带来的是直接的改革的驱动力（原有的满堂灌的教学方式，留学生肯定不接受）；留学生教育可提高高校办学的经济效益（尽管现在留学生教育效益不好）。

所以，我校认为，发展来华留学生教育是国家战略和高校自身发展环境双重作用力下的必然选择！

（三）我校对发展留学生学历教育面临的挑战

从我校发展的历程来看，核心问题是：很多普通高校、特别是地方工科院校尚未建成适应来华留学生学历教育的培养体系。其具体表现为：

（1）在教育观念上，把留学生当成特殊群体，把留学生教育排斥在高校主流教育之外，更无从谈及列入学校长远发展规划之说。

（2）留学生的教学管理不能与本部教学管理相互融合。现阶段，不少高校的留学生教学基本处于游离本部教学管理体系之外的状态，留学生教学质量监督体系尚未健全，教学管理的系统性、连续性、科学性有待改善。

（3）师资队伍的综合水平不能适应留学生教学需要，英语水平有待提高。

（4）留学生管理上，放宽要求，矛盾冲突增加。针对留学生的校园服务体系尚不健全。

（5）招生困难制约了规模效益的发挥。

二、为了更好地发展地方工科院校学历留学生教育工作，促进留学生教育工作朝着"扩大规模、优化结构、规范管理、保证质量"的方向健康、可持续发展，需要在以下几方面开展建立健全工科学历留学生教学管理体系与质量管理机制的工作

（一）提高认识、调动积极性

学校要从高等教育长远发展以及教育国际化必然趋势的角度，高度重视学历留学生教育的发展，提高各职能部门、二级学院以及任课教师等参与国际教育的主动性，调动一线教师的积极性，全面营造国际教育的良好大环境。

（二）建立科学的学历留学生招生系统

建立科学的学历留学生招生体系，可以从以下三方面入手：一是建立学校统一标准，设立基础的成绩考核标准；二是建立健全机构、完善流程、加强领导与管理；三是充分利用网络资源，努力实现网络化招生，从而扩大招生渠道，丰富生源国国别，招收优质学生。

（三）实行"多模态"教学模式，加大实践环节管控

根据留学生的知识结构、文化特点，改变我们传统的教学与考试模式。教学模式方面尝试对工科学历留学生开展"多模态"教学模式，即构建多模态课堂教学模式，在工科学历留学生课堂教学过程中，充分、合理运用多媒体资源、图片、视频、音频等多种渠道和多种教学手段，使多种感官在学生的学习过程中协同作用，以培养学生的多元识读能力和多模态交际能力，完成工科院校培养"应用型"人才的目标。同时，改变以往单一的答卷考试方法，借鉴国外的优秀做法，将整个教学环节纳入到考试考查之中，即加入平时考试、小论文写作、作业完成情况等的考核。另外，针对工科的特点和学历留学生将来职业能力的需求，加大实习和实践环节的比重，加强对这些动手环节的考核与管控工作。

（四）建章立制，科学规范管理与质量监控

建章立制是科学规范管理的前提，完善管理制度、强化质量监控是提高工科学历留学生教学质量的有力保障。下面以辽宁工业大学为例来说明一下这方面的工作。

辽宁工业大学2004年起开始试行《工科院校主要教学环节质量监控体系》项目，2006年该项目被批准为辽宁省高等教育改革项目，并在2008年获辽宁省教学成果一等奖，现不仅在校内得到实施，而且已被省内外多家高校采用。

我校将留学生教学管理整体归类。研究生学院负责研究生层次的留学生教学管理；教务处、二级学院和国际教育学院负责本科层次留学生教学管理。教务处结合我校教学质量监控标准，向承担教学任务的二级学院、负责基础理论教育理学院、计算中等单位下达留学生教学各个环节质量要求指标；教务处检查各个学院留学生教学各环节的质量情况。国际教育学院作

为教学管理的辅助单位，重点协调"教与学"之间的矛盾冲突，如协调解决不同文化带来的课堂交流冲突，英语授课初期、教师的英语交流能力不足的沟通冲突，留学生迟到、缺课造成教师组织课堂教学的冲突等。此外，国际教育学院积极协助二级学院做好英语授课教材建设、留学生校外实习基地建设、毕业设计过程支持等，并定期参加各个学院组织的任课教师座谈会，提升英语授课的教学管理水平。

在完备的规章制度的保障下，通过多部门的通力合作，实现了学历留学生的科学规范管理，同时也加强了教学质量的监控，收到了良好的效果。

（五）建立留学生教学与管理人员培训机制

学校可以通过为留学生任课教师开设英语培训班、讲课技能培训班、开展经验交流研讨会和为留学生管理人员开展规章制度培训、文化常识培训、管理艺术培训等形式，为他们提供培训机会，以提高他们的从业知识与技能。

（六）逐步实现趋同化教育与管理

留学生是学校的一个不可或缺的团体，学校要不断创造条件，使他们尽快融入本部教育教学，参加本部学生活动，逐步实现与本部趋同化的教育与管理。在这方面，辽宁工业大学的做法是吸收留学生参加本部学生的实习实践教学环节，参加本部学生的各种文体活动，如流淌歌声、足球赛、排球赛、篮球赛、运动会等。

（七）借助现代化管理网络，实现教学管理信息化

在信息化高度发达的今天，许多高校都使用了教学信息化管理平台。留学生教学管理也应该借助先进而成熟的教学管理信息化软件平台，实现管理现代化。

三、结语

九年来，我校历经留学生发展道路上的很多坎坷与挫折，管理队伍在历练中不断提升，风雨过后的彩虹无限美好。实验室里，不同肤色的留学生与中国学生协同探讨研究，构成了校园里最美丽的画面；运动会上，国际教育学院队屡创佳绩，足球队更是连续的冠军队。

总之，完善留学生管理制度，建立来华工科留学生教学管理体系与质量管理机制是开展工科学历留学生教育的有力保障，是实现来华留学生教育可持续发展的有效途径。

以基于脑的教育理念，创新
医学留学生教育模式

（大连医科大学　王　凯　雷海新　宋　波　李　琦　崔艳华）

自 20 世纪 50 年代开始出现的留学生教育在我国迅速发展、壮大，体现了我国经济、文化和教育事业的进步。医学留学生是一个特殊的群体，有着较高的职业素质和人文素质的要求，不分国界，在任何地方他们都扮演着救死扶伤、治病救人的角色。

21 世纪初，世界高等医学教育改革的主要目标就是以岗位胜任力为基础课程（Competency—based curriculum），以胜任力为客观标准培养充满社会责任感的新型职业素养。有待培养的胜任力涵盖多方面：一是以病人为中心的医疗；二是跨学科团队；三是循证实践、医疗质量的不断提高；四是新信息学的利用以及与公共卫生的融合；五是科研能力，政策、法律、管理和领导等多方面能力；六是大学本科教育应该培养学生做好终身学习的准备。当医学人才的评价标准有了新的要求时，针对留学生的高等医学教育就要转变传统的教育思想和观念，根据岗位胜任力的标准重新建立新的教学体系和调整课程结构体系。

医学知识包括理论知识和技能知识两类。本文主要围绕理论学习的改革创新进行探索。

一、基于脑的教育理念

来华留学生的高等医学教育改革要以人类大脑的学习规律为依据，基于脑的教育正是以大脑学习规律为基础的教育理念。

基于脑的教育是一种旨在将有关人脑学习的脑科学研究结果引入教育的一种理论与实践，也有人称之为"适于脑的学习"（brain－compatiblelearning）或"基于脑的学习"（brain－based learning）。20世纪80年代初，哈特（Leslie Hart）首先提出"适丁脑的学习"这一术语，哈特倡导根据人脑的运行方式以及大脑的自然学习过程来设计适合大脑学习的课程与教学。

事实上，我们的脑天生适合于通过多种途径、顺序或非顺序地、在不同水平上、借助各种反馈资源在丰富的背景中进行学习。学习最好通过卷入矛盾冲突之中，然后考虑如何解决矛盾冲突这种方式来进行。

二、问题与对策

医学留学生教育的授课对象是来自世界各个国家和地区的学生，应该按照国际通用的教育标准授课，在教学内容和方法上与本国医学生相比应该率先与国际接轨，以提升留学生在国际市场上的竞争力。各校应以教学质量的不断提高，留学生未来的岗位胜任力要求的满足，来增强学校在招生中对国际学生的吸引力，进而扩大留学生的规模。

然而现实中，国内许多医学院校的留学生教学改单远落后于本国学生的教改步伐，在教学模式、内容、方法和考试等方面墨守成规，以专业和学科为中心、以行业为目标，知识结构单一，课程设置采取以教师传授理论知识为重点的纵向课程体系。这样做看起来符合逻辑，但这并不是最适合脑学习的教学方式，而是会永久性扼杀学生对于学习的享受与喜爱。而且教师在教学过程中过于强调各自学科的系统性和完整性，学科之间横向联系不够，存在着基础与临床脱节、理论与实践分离、教学内容交叉重复、学时过多等问题。在知识巩固上，对于脑来说，要脱离情境记住内容是一项困难的任务，然而这却是传统医学院校教育的典型学习方式，此方式不能充分调动学生的学习主动性，没有立足于培养学生的自主学习能力和发展学生的个性，忽视了学生全面素质的提高。结果导致医学院校的学生学习吃力，靠死记硬背应付沉重的课程负担，却无法得到充分的教育，从而致使学生思维单一，综合应用所学知识分析解决问题的能力欠缺，专业人才资源中数量与质量不平衡，团队合作不佳。卫生工作者的执业能力与患者和人群需求不匹配，不能达到理想的岗位胜任力要求，很难适应新世纪医学模式的改变。因此，当务之急是要改变滞后的教育模式，构建新的教学模式。

在基于脑的教育理念指引下，高等医学教学改革最紧要的任务是改进教学方法，让教学以学生为主体，充分发挥和发掘学生的潜能，培养学生的创新意识和创造能力，实现教学从"以教师为中心"转向"以学生为中心"的目标。基于脑的学习始于学生，课程应建立在对自然学习最理想的条件的基础之上。只有树立以学生为中心的教学理念，才能真正培养学生的自主学习能力。

可以依据基于脑的五阶段学习过程来设计教学计划，具体如下：

第一阶段：预先呈现或准备。让学生提前见到新材料，发现学生的学科背景知识，量身制订适于学生的经验水平以及优势学习方式的课时计划。

第二阶段：传授与获得。提供最初实际上是过量的观点、细节、复杂内容以及意义，以取代单一的、固定步骤的、顺序的、一次一点的呈现。任由学生感到暂时被压倒，接下来是预期、好奇、自己决心去发现意义。学生花费更长的时间理清一切头绪。创设支持性、挑战性、复杂性的没有威胁并鼓励提问与探索的课堂环境。教师可以运用讨论、做概念图、写日志等多种教学策略将新知识与旧知识关联起来，让学生将正性或负性情绪表达出来，通过拥有适度的新奇感等策略帮助学生进入有益的情绪状态。正式与非正式的知识获得都要有，生活中的真实问题具有重要的价值，教科书应仅仅用作参考资料。在如今信息快速传播的时代，学生必须学会如何依靠多种信息资源。杂志、报刊、计算机、视频和社会实践等都应包括在课时计划之中。

在课程体系方面则倡导科际整合和跨学科模式，因为这种模式能够产生更多的关联性和情境，而且更为重要的是，能够帮助学生了解知识之间的联系。实施"以系统为基础"的基础知识与临床知识整合的课程体系，让学生领悟医学的整体性、学科交叉融合性和早期接触临床，培养学生多元化思维和综合分析解决问题的能力，以达到医学教育人才培养标准。倡导综合课程、主题教学、主题编排以及合作学习。

第三阶段：精细加工。这是一个加工阶段。它要求学生切实进行思考，这是花脑力理解的学习时间。

第四阶段：孵化期与记忆编码。这个阶段强调复习检查的重要性。大脑过度学习最有效，而不是一学就会。适当运用停工期、情感、联系真实生活和记忆技术，帮助学生在记忆时进行编码学习。采用多通道记忆，有了想象力，我们就能够创造更多情境驱动的环境使学习的知识记得更加深刻。通过模拟真实生活、虚拟学习、校外旅行考察等可以做到这一点。

当显现各种文化观点时，学习也变得与更多学生有关。这一阶段不仅对教师有益，学生本身也必须确认自己的学习。当学生拥有与新概念或材料有关的模型或隐喻时，记忆得最好。

第五阶段：庆祝和整合。庆祝阶段对于激发情感是关键性的，要有趣、轻松愉快、欢乐。这一步骤逐渐形成非常重要的一步，即对于学习的热爱，绝对不要错过。只有在过度重复学习时才会出现官能整合。

当我们计划适于脑的学习时，关键是要问不同的问题，不问我应该教什么，而应问学生怎样才能学得最好。我们在设计这样的学习时，要始终聚焦支持脑自然学习倾向的基本原则，从预先呈现到庆祝，确保无一阶段被漏掉。

三、总结

总之，在以岗位胜任力为基础的国际医学教育标准指导下，根据医学学习的性质、特点及要求，运用基于脑的教育理念，借鉴国内外医学院校的典型教学模式改革，旨在指导教师正确、科学地认识和规划医学留学生的成才之路。医学教育归根结底就是要按照社会的需要，结合学生的个性特点，通过不断优化其心智结构而将其培养成为合格的不断进取的医学人才。在此基础上会更加促进学生的医学思维发展和临床实践能力的提高。

第二部分：初、中级汉语学习听说读写的规律与经验

加强教研室建设，促进汉语听说教学

——以大连外国语大学汉学院听说教研室为例

（大连外国语大学　吕海燕）

　　教学质量是高校留学生教育的生命线，过硬的教学质量是吸引、留住、再吸引留学生的最重要因素，而教学质量的不断提高，离不开教研室的建设和发展，因而加强教研室建设是高校留学生教育的重要组成部分。

　　教研室是按学科、专业或课程设置的教学研究组织。为了更好地服务于高校留学生教学，各高校一般均采用按课程设置教研室的方式。来华留学生迫切希望快速提高汉语听说能力，因为"听懂"和"说对"是在中国学习、生活需要的最重要的能力，而听力、口语教学是由听说教研室完成的，因而有必要大力加强听说教研室建设，促进听说教学质量的提高，同时提高留学生在中国的生活幸福指数。

一、明确听说教研室特点，探寻合适的建设之路

高校汉语教师队伍一个很大的特点是由专职教师和兼职教师共同组成的，这一点在听说教研室表现得尤为突出。以大外汉学院为例，我们统计了近三个学期的听说教研室任课教师情况（表1），发现兼职教师的人数比例几乎高达80％以上。

表1　　　　　大外汉学院听说教研室任课教师情况

学期	课程	课程总门数	任课教师总人数	专职教师人数	专职教师比例	兼职教师比例
15—16（1）	听力	20	13	2	15％	85％
	口语	17	12	2	17％	83％
15—16（2）	听力	19	14	2	14％	86％
	口语	18	11	2	18％	82％
16—17（1）	听力	19	11	2	18％	82％
	口语	14	9	2	22％	78％

兼职教师是高校汉语专职教师的有益补充，是不可忽视的重要力量。但同时，也存在着社会背景复杂、过于分散不便管理、纪律意识和责任意识淡薄、教学水平参差不齐等现象。听说教研室大部分的教师都是兼职教师，针对这种实际情况，我们以"和谐、高效"为目标，让专职教师发挥模范带头作用，多沟通、多讨论，共同提高责任意识、提高教学质量，更好地服务于整体教学目标。

二、做好教研室本职工作，为提高教学质量助力

听说教研室应做好以下几项主要工作，助力听说课教学质量的提高。

首先，进行日常教学管理，保证教学活动正常开展。要定时开教研室会议，布置教学任务；教研室主任要按时布置、检查教学日历的撰写，组织期中和期末考试的命题工作，监督期末考试后各种材料的上交等；应定期组织新任教师培训、公开课观摩等活动；平时还要经常性地督促平行班教师协调教学进度，定期进课堂听课，给出指导性意见，等等。

其次，要进行教学研究和科学研究，推动听说教学水平不断提高。教研室应定期组织教师进行听说教学的研究和讨论，如对教学内容的取舍，不同教学内容对应的教学方法的选择，不同国籍、水平、年龄、性别、性格的学生的教学法等。比如老师们普遍认为听力、口语的学习只是在课堂上进行是远远不够的，让学生在课下自己进行又往往效果不佳。在移动通信技术高度发达的今天，老师们想到可以通过手机微信进行课下的延伸教学。例如，有的老师让学生通过微信给老师发语音，说一个词、词组、句子，或者一段话，老师听后给学生纠正错误，这样就能做到非常有针对性地帮助每一个学生纠正带有个性的错误，避免了课堂上反复纠正伤害学生的自尊心。还有的老师在微信里发给学生跟课文内容相关而又不完全相同的语音，练习学生的听力应变能力。这些做法不受时间、地点的限制，是老师们牺牲自己的课余时间指导学生，有效地帮助了学生提高听说能力，受到了学生们的欢迎。此外，针对听力课上学生们只是几个词、某个句子听不懂的情况，老师们主动寻找合适的

语音编辑软件，把学生听不懂的部分单独剪切出来让其反复听，这样就避免了反复听整段文章浪费时间或者老师在课上寻找合适的播放点浪费时间的情况。下一步，我们打算建立听力、口语考试试题库，以考促教，用科学、合理、高效的考试推动教学水平的进一步提高。

三、加强教研室文件管理，力争科学高效可持续

教研室的各种资料、文件烦琐复杂，所以要建立较为完备的文件管理制度，科学高效地服务于教学工作。文件管理应该建立纵、横两条线。"纵"的一条线，是指各个学期的资料要按年度、学期有序保存，方便以后查找；"横"的一条线，是指每个学期的教师人数、教师任课安排、教材使用情况、教学日历、考试试题、考试后各种材料等，要全面、清晰。

听说教研室期末期间的工作非常复杂：出题时进修班出一套，本科班出两套，任课教师出题后教研室主任要认真检查；听力考试要组织教师录音；考试后本科班教师要进行集体阅卷；阅卷结束后，教师要上交考试成绩、试卷分析表等各种材料。由于涉及进修 & 本科、听力 & 口语，因而文档非常繁复，需要非常认真、细致地工作，否则极易出现疏漏。为此，我们尝试着将所有内容表格化（表2至表4），这样一目了然，文档工作科学、高效。

表 2   **听力考试命题安排**

序号	撰写人	班级	试题	电子版	纸质版
1	＊＊＊	入门	A 卷	√	√
2	＊＊＊	汉语国际教育一年级 C1/C2/C3	A 卷/B 卷	√	

表 3 听力录音安排

序号	班级	试题	页数	录音教师安排	时间安排	完成
1	入门	A卷	6	＊＊、＊＊	＊月＊日＊点	√
2	初级C1/C2	A卷	8	＊＊、＊＊	＊月＊日＊点	

表 4 听力成绩单上交（按班分）

序号	撰写人	班级	成绩单上交	试卷分析表
1	＊＊＊	入门	1份	
2	＊＊＊	汉语国际教育一年级	2份	2份

　　针对新时期的新情况，教研室的建设和发展也要与时俱进，以本单位的实际教学情况为基础，不断思考进步的思路和方法，这样才能促进教学质量的提高，进而不断增强高校留学生教育的竞争力。

外国留学生使用汉语标点符号的偏误分析

（辽宁师范大学　李宝贵　丁　雪）

《中华人民共和国国家标准标点符号用法》 （GB/T15834—2011）（以下简称《用法》）中指出："标点符号是书面语的有机组成部分，用来表示语句的停顿、语气以及标示某些成分（主要是词语）的特定性质和作用。"《汉语水平考试HSK（高等）大纲》中明确指出作文部分"标点符号要正确"。由此可见，正确使用标点符号俨然已经成为衡量外国学生汉语水平的尺度之一。但查阅现行的几种通用教材，结合一线课堂的反馈，我们发现，标点符号的重要性并未在教学中得到充分体现。教材没有编排专项教学、教师普遍重视不够等都直接导致外国学生使用标点符号时常常出现偏误，且得不到及时纠正，严重影响了学生的书面表达。本文以北京语言大学"HSK 动态语料库"为基础，主要研究留学生对《汉语写作教程》列举的十二种常用标点符号（逗号、句号、顿号、问号、叹号、冒号、引号、破折号、省略号、括号、分号和书名号）的使用情况，分析偏误类型，找到偏误产生的原因，并提出相应的对策。

一、偏误分析

外国留学生对汉语标点符号的使用偏误主要体现在形体书写、格式书写以及使用功能三个层面。

（一）标点符号的形体书写偏误

"形体是标点符号的外在表现。"形体书写偏误是指各类标点书写时产生的偏误。由于形体书写偏误基本为手写体偏误，因而本文采用图文结合的方式，使偏误现象看起来更为直观。

1. 逗号

逗号的形体书写偏误最常见，主要体现在以下两个方面：一是将逗号上部分实心圆改成空心，再加上"蝌蚪"尾巴，如图 3.1；二是将逗号写成顿号，如图 3.2。

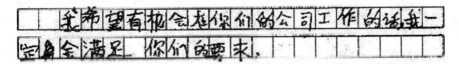

图 3.1

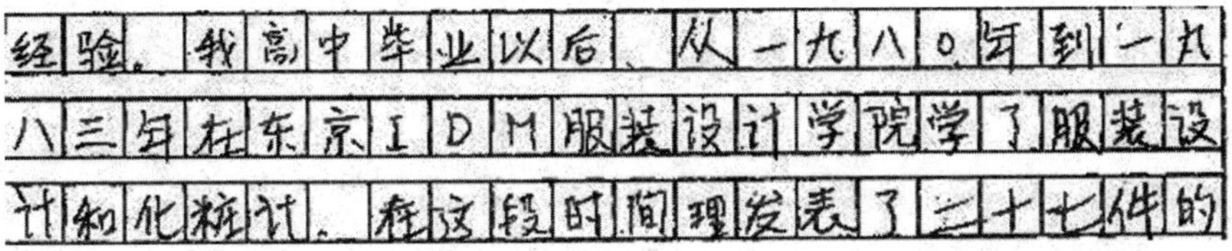

图 3.2

2. 句号

句号的形体偏误主要表现在将句号空心圆写成实心圆，见图 3.3。

图 3.3

3. 问号

问号的形体书写偏误形式多种多样，主要集中在两方面：

一是只写出上方的弯钩，无下方的圆点，如图 3.4；二是将下方圆点换成了空心圆，如图 3.5。

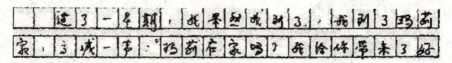

图 3.4

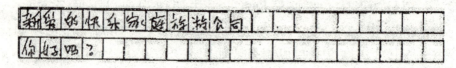

图 3.5

4. 叹号

叹号的形体书写偏误主要包括只写出上方竖线无下方圆点，见图 3.6；整体标点呈倾斜状，见图 3.7。

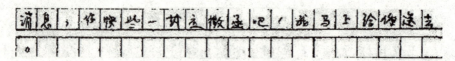

图 3.6

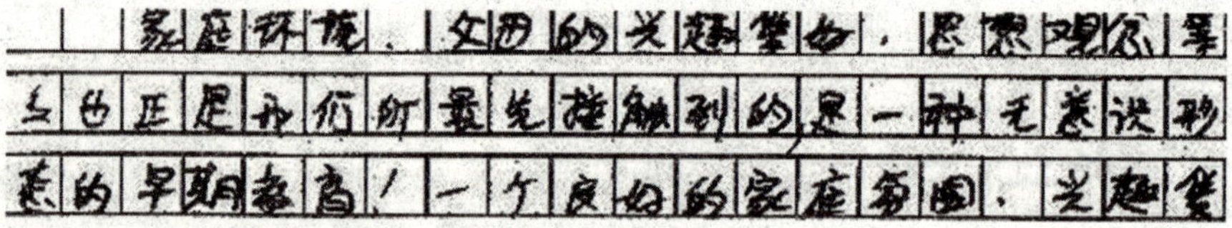

图 3.7

5. 引号

引号的形体偏误主要有两种类型：一种是误用作文横向文字的形式，见图 3.8；一种是将双引号写成单引号，见图 3.9。

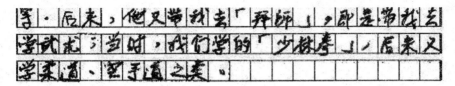

图 3.8

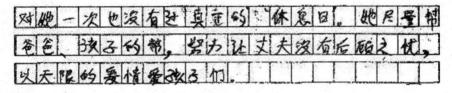

图 3.9

6. 分号

分号最容易出现的偏误就是将分号误写成两个并列的顿号，如图 3.10。

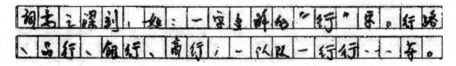

图 3.10

7. 省略号

省略号的形体偏误主要是省略号中六个平行排列的实心圆点数量随意改动，如图 3.11。

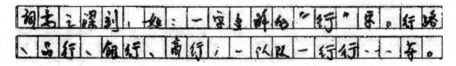

图 3.11

8. 书名号

书名号形体偏误主要是误用作文横向文字的形式，见图 3.12。

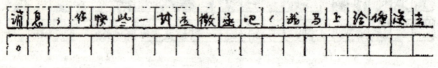

图 3.12

综上所述，外国留学生在使用标点符号时产生的形体偏误类型较为典型和集中，在学习和使用中稍加注意，是完全可以克服的。

（二）标点符号的格式书写偏误

"标点符号的格式书写是指标点符号的书写位置和占格方式。"格式书写偏误是指各类标点行款书写时产生的偏误。与形体书写偏误体现的个体差异不同，格式书写差异往往体现出一种共性的偏误。

第一，标点符号居中，多见于点号，如图 3.13。

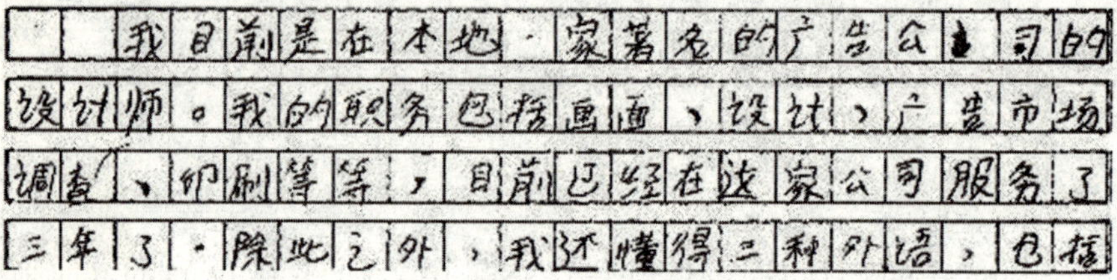

图 3.13

第二，标点符号置于句首，见图 3.14。

图 3.14

第三，非行末标点符号与前一汉字挤在同一格，见图 3.15。

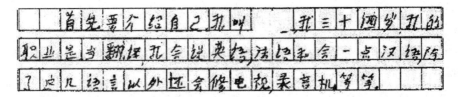

图 3.15

第四，后引号与点号一起使用时，学生容易将点号写在后引号后面一格，见图 3.16。

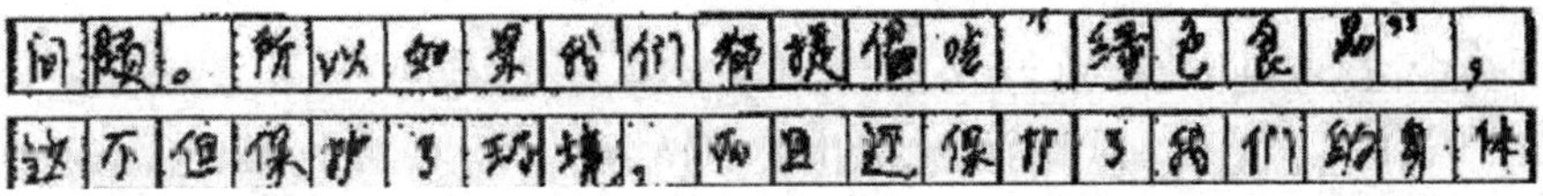

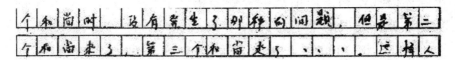

图 3.16

第五，省略号与破折号未占两格，有时只占一格，有时占三格，具体见图 3.17 和 3.18。

图 3.17

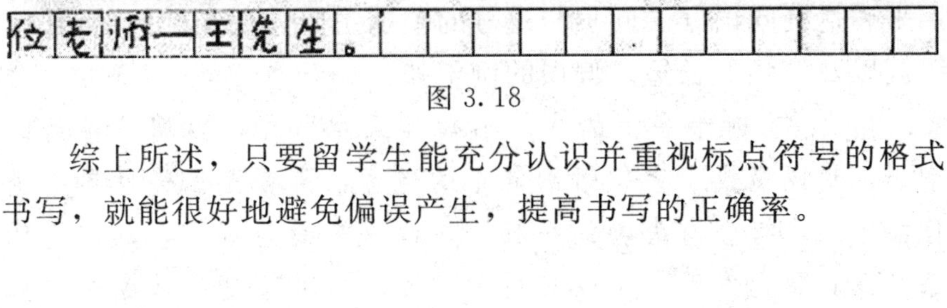

图 3.18

综上所述，只要留学生能充分认识并重视标点符号的格式书写，就能很好地避免偏误产生，提高书写的正确率。

（三）标点符号的使用功能偏误

使用功能是依据每个标点符号自身的使用规律以及用法的不同作为参照定义的。在三种偏误中，使用功能偏误出现的频率最高，情况也最为复杂，主要体现为遗漏、误代、添加三种情况。

1. 逗号

HSK 语料库中逗号的偏误率占总偏误率的 60% 以上，其中误代偏误比例最高，其余依次是遗漏和添加。

第一，误代。《用法》指出，逗号表示句子或语段内部的一般性停顿。逗号的使用频率最高，因此误代的情况也相对比较复杂。

第一种，逗号误代句号。根据《用法》，句号用于句尾，表示陈述语气，和语段前后的停顿、语气和语调有关，与句子的长短无关。偏误的例子如：

例1：我 1909 年毕业于日本国东京都的东南普通高中，1983 年毕业于日本国立的西北大学，同年参加三林商社工作，一直到去年，一直从事贸易工作。

例1是一个长句，学生没有分清句子层次和语义，一逗到底。应该将"西北大学"和"三林商社工作"后的逗号改成句号才能使句义明确。

第二种，逗号误代问号。问号也是句末点号的一种，主要用来表达疑问语气。问号与逗号的差别主要体现在疑问的语气、语调以及停顿的长短。偏误的例子如：

例2：当时十多岁的我，不知其深意所在，但随着年龄的增长，我或多或少也领悟到其中的道理，那就是——世界不论什么事务，终会有失去的一日，在他人来看是可悲，其实它已经发挥其最大作用，完成其最大任务，这可不是一件令人高兴之事吗，例2中"这可不是一件令人高兴之事吗"一句是反问句，因此句末应使用问号。

第三种，逗号误代顿号。顿号是用来表示语段中并列的词语或序数词停顿的一种句内点号。顿号和逗号的区别是：当停顿时间较短时用顿号，反之用逗号；当并列词语在句中作定语和状语时，使用顿号，作主语、谓语和宾语时，使用逗号。偏误的例子如：

例3：我本来对中日的关系有兴趣，大概因为我的祖先是中国人的历史学家，所以我从小孩的时候，对中国就很喜欢了，而且我喜欢中国的历史，文学，古代音乐，中国画等，我希望能了解中国的更多事情，而且要做中国朋友，将来，我要在中国找到工作。

例4：我从小就开朗，活泼，经常骨折，烫伤，受伤。

例3中表示并列成分的"中国历史""文学""古代音乐""中国画"之间应用顿号。例4中描写性格的"开朗"和"活泼"之间、描写伤情的"骨折""烫伤"和"受伤"之间也应使用顿号。逗号误代顿号往往会造成误解语义不清，层次混乱。尤其对于日本留学生，日语中不存在逗号，都是以顿号作为句内短暂停顿，因此要格外注意逗号和顿号用法的差别。

第四种，逗号误代冒号。冒号的作用主要是提示下文。留学生出现逗号误代冒号的情况一般有三类：一是出现在提醒下文的总括性词语之后；二是出现在"说""证明""想""告诉"等提示性词语之后；三是用于书信、通讯稿等称呼之后。例如：

例5：我的简历如下，1967年在日本兵库县姬路市生1990年神户市外国语大学中文系毕业1991年至1993年在姬路独协大学中文系当中文老师1993年到1994年，作为中国政府奖学金留学生在北京语言学院学习中文。

例6：我的地址告诉你们，邮编2000433地址本市虹口区政通路280号姓名×××电话号码508543要是可以聘用的话，请及时跟我联系。

例 7：季翔先生，我的名字叫××，是人民大学的毕业生。

例 5 中"我的简历如下"之后出现具体的解说内容，因而应把逗号改为冒号。同理，例 6 的"告诉你们"后的标点应为冒号。例 7 在书信中，开头的称呼语之后应加"："。逗号误代冒号常出现在母语为英语的外国学生中。在英语中，逗号可以起到引起下文的作用，因而应该格外注意英语为母语的学生对逗号和冒号的使用。

第五种，逗号误代分号。分号是复句中表示并列关系分句之间停顿的符号。逗号与分号的区别在于逗号表示一般性停顿，分号表示复句内部并列的分句之间的停顿。偏误的例子如：

例 8：早上，一定是没有什么事的，因为我一无所知，待在办公室很无聊地收拾我的桌子，中午，大家都去日式餐厅好好吃一顿，下了班，局长亲自准备了另一个节目。

在例 8 中，作者具体叙述了自己的一天，三个时间段是并列的，因此"桌子""一顿"之后的逗号应该改为分号。

第六种，逗号误代破折号。破折号除了表示语气延长之外，还有解释说明的作用。留学生经常会误用逗号表示注释的作用，例如：

例 9：致季翔先生：3 月 19 日应征广告设计师本人于昨日，3 月 18 日阅读贵公司刊登于《南洋商报》招聘启事。

例 9 中"昨日"表达的时间并不明确，3 月 18 日是对"昨日"的说明和解释，应该在二者之间加破折号。

第二，遗漏。在逗号的使用偏误中，遗漏的偏误率仅次于误代。遗漏偏误经常发生在连贯的长句中、使用关联词语的复句中和称呼之后。例如：

例 10：按你们公司的广告我想申请当服装模特我是很美的一个姑娘我二十岁刚刚从艺术学院毕业我的专业是跳舞。

例 11：推销员的职业很有意思而且适合我。

例 12：先生我在这封信里介绍一下我的优点。

例 10 是较长的语段，应按照语段的层次和语义在内部作适当的停顿，改为"按你们公司的广告，我想申请当服装模特。我是很美的一个姑娘，我二十岁刚刚从艺术学院毕业，我的专业是跳舞。"例 11 是一个有关联词的复句，在分句之间应该停顿，把逗号放在"很有意思"后面。例 12 应在称呼语"先生"后稍作停顿，加"，"。

第三，添加。逗号使用偏误中添加的偏误率最小。本文从语料库中总结出几类容易出现添加偏误的情况：一类在表示假设性的关联词之后，一类在表示因果关系的关联词之后，还有一类在连动结构之后。

例 13：如果，你的公司可以工作的话，一定可以胜任接待客人的工作。

例 14：因此，希望有机会能加入贵公司，为其业务的扩充，尽一份力。

例 15：下课后，我每天先到医院去，看父亲，然后回家。

例 13 中"如果"后的逗号应去掉；例 14 中"因此"后的逗号应去掉；例 15 中连动结构"去"和"看"之间应去掉逗号。

2. 句号

句号是仅次于逗号、使用频率较高的标点，相应地偏误率也较高。

第一，误代。调查发现，句号往往容易误代逗号、问号、冒号。

句号误代逗号最常见，即在需要使用逗号的位置上使用了句号，又可分为以下四类：一类是在有关联词语的句中，如：

例 16：我的性格是外向型的。所以在我周围常常有很多朋友。

一类是在同主句中，如：

例 17：我想在中国工作对我有好处。能进步我的中文。

一类是在同主同现句中，如：

例 18：她是我的朋友。她学习很努力。

还有一类通常出现在较长宾语的单句中，如：

例 19：我认为贵公司是我国最大的。又是最有前途的服装公司。

例 16 因果关系的分句之间不应加句号，应改为逗号；例 17 第一句是笼统讲，第二句补充说明，两句话之间应加逗号；例 18 两个分句都在说明"她"的情况，应在中间加"，"；例 19 中"最大的"和"最有前途"都是用来描写服装公司的，应把句号改为逗号。

句号和问号同属于句末点号。句号误代问号原因在于没有明确句子的语气。如：

例 20：她死了以后，美国法庭提出这个问题：到底安乐死是合法的还是不合法的。我不太清楚美国法院怎么判定。

例 20 "是……还是……"属于选择问句，应在句末加"？"。句号误代问号，混淆了陈述语气和疑问语气。

冒号主要用于总括性提示词后，有提示下文的作用。留学生在使用时，通常把句号错用在总括性词语之后。如：

例 21：我会讲四种语言。汉语，英语，俄语跟法语。

"四种语言"后是对该名词的解释，应把句号改为冒号。

第二，遗漏。句号的遗漏主要有两种情况：一种是常在句尾或段末遗忘句号；另一种是在直接引语中，右引号前漏用。

例 22：从前不认识的人也只一天就会成为朋友

例 23：妈妈对我们常说这句话："钱不是重要的东西，最重要的是信用、勤劳"

第三，添加。误加句号容易造成句子层次断裂，不利于读者的理解。误加偏误的例子如：

例 24：不过我想考虑别的方法……。

例25：例如，"送酒时不要拿杯子的上面。""盛饭时少盛点。"等。

例24是句号在省略号后的误加。句号属于句末点号，而省略号属于标号，两者留其一就可以保证句子的完整性；例25是句号在引号前的误加。当完整地引用了别人的话，句号应该放在右引号内；当非完整引用，引用的话只是作为语句的一部分时，则不需要使用句号。

3. 顿号

顿号属于句内点号，表示"语段中并列词语之间或某些序次语之后的停顿。"

第一，误代。顿号的误代偏误主要集中在顿号误代逗号上。

例26：我高中毕业以后、从一九八零年到一九八三年在东京IDM服装设计学院学服装设计和化妆、在这段时间里设计了二十七件衣服、其中两件衣服在日本国内服装设计比赛中得了第一名和第二名。

例26中，留学生把该使用逗号的地方错用为顿号。简单来说，当并列成分较简单时，一般使用顿号；当并列成分较复杂时，一般使用逗号。

第二，添加。顿号的添加偏误一般有两种类型：一是在相邻数字之间误加顿号；二是在关联词语之后误加顿号，割裂句子的完整性。如：

例27：我是1970年3月、15日出生。

例28：可是还没去过的地方很多，所以、我要去很多地方。

第三，遗漏。顿号遗漏偏误较少，一般是该用顿号分隔相同成分时却漏用。如：

例29：我美国话法国话都说得很好。

例29中应该在并列成分"美国话"和"法国话"之间加顿号。

4. 分号

分号表示"复句内部并列关系分句之间的停顿，以及非并列关系的多重复句中第一层分句之间的停顿。"分号的偏误主要集中在误代方面。

分号的误代又分为几种情况：一是分号误代逗号；二是分号误代冒号；三是分号误代句号。

例 30：大学毕业以后；进一个公司；是那个破产的公司，先当了会计这种小职员，后来当公司的英语翻译，翻译当了三年，公司破产了。

例 31：精美服装公司季翔先生；您好，我看到"贵公司由于业务发展的需要，特招聘人员"的广告。

例 30 只是句子内部短暂的停顿，并不是并列关系，因此应把分号改为逗号。

由于分号和冒号的写法比较接近，留学生通常会把分号错用于人称以及解释说明总括性提示词之后。

例 32：我住在汉城市迷儿洞现代公寓B－101；这个公寓离本公司较近，上下班也较容易。

分号和句号的差别在于分号是用在复句内部表示句中停顿，几个分句表述的是同一话题；而句号用在句子末尾，是一个话题结束的标志，具有完句功能。例 32"我住在汉城市迷儿洞现代公寓 B－101"讲述的是"我"居住的地址，是一个独立话题，应该在句末加句号。

5. 冒号

在《用法》中规定冒号"表示语段中提示下文或总结上文的停顿。"冒号的偏误主要集中在遗漏和添加两个类型。

第一，遗漏。冒号遗漏的偏误率最高，如：

例 33：精美服装公司您好！

例 34：下面是我的地址和电话号码上海市复旦大学留学生楼 3－157 电话 5492222 精美服装公司 1992 年 4 月 21 日。

例35：我高中毕业的时候，我没考上大学，所以很伤心、很自卑。那时候，我妈对我说"今年没考上，那明年再考，不就行了吗?"

以上例子具体对应了冒号遗漏的三种类型：一是在称呼语之后的遗漏；二是在表示解释说明的词语之后；三是在"想""说"和"告诉"这类词之后。

第二，添加。该类主要出现在引号前。引用部分如果不是独立成分，只是作为构成句子的一部分时，不需要冒号。留学生使用"想""说""告诉""说"这类词语时，经常习惯性地加上冒号，因而产生偏误。如：

例36：要是说："对我有影响的人"那倒多得是，但是要说，对我影响最大的　个人，我看就是我爸爸了。

6. 引号

引号主要表示文中引用的部分，分为单引号和双引号两种。具体的偏误仍然为三种，其中又以误代为最主要的偏误表现形式。

第一，误代。引号的误代情况比较单一，均是单引号误代双引号，如：

例37：另外，我有贸易工作的经验（就算是'国际推销员'吧），而且对服装方面很感兴趣。

《用法》中规定："当引号中还需要使用引号时，外面一层用双引号，里面一层用单引号。"例句37只有一层引用，应该为双引号。

第二，遗漏。引号的遗漏多存在于留学生使用直接引语上，如：

例38：老师说：现在韩日关系不大好，可是你毕业的时候韩日关系肯定好。

例39：我小时候脑子不好使，考试时常常吃鸭蛋。

第三，添加。误加偏误率较小，通常出现在不需要加入引号的地方强行加入引号，不符合正常的语言表达方式。如：

例40：拿"投票选择"来说，发达国家的投票率一般不到90％，有时甚至还不到50％。

7. 问号

问号是用在表疑问句子的句尾。问号的偏误主要有误代、遗漏、添加三种。

第一，误代。在问号的偏误中，以误代偏误率最为典型，如：

例41：我妈妈呢？有时候在韩国，有时候在中国，有时候在美国。

例41应将"呢"后面的问号改为逗号。问号的误代一般和语气词"呢"有关系。留学生一看到"呢"，就认为是疑问的语气，导致误代偏误。其实，"呢"除了疑问功能之外，还能表达稍带夸张的陈述语气，但这个用法往往被学生忽略，"从而将'呢'的功能简单化，或者说将'呢'的疑问功能泛化，机械地把'呢'和问号组合在一起。"

第二，遗漏。问号的遗漏现象多存在于引语中，引用时不注意说话人的语气，造成引号内部问号的遗漏，如：

例42：最后，有一个人说"我的冰淇淋呢"大家都觉得可笑。

第三，添加。问号的添加偏误主要表现在引用部分不做独立成分且不需要标点时强行加入，造成赘余，如：

例43：如果有人问我"绿色食品和不挨饿中哪个更重要?"，对此我的想法是很明确，就是不挨饿更重要。

8. 叹号

叹号用于表感叹口气的句末。叹号的偏误也分为误代和遗漏两种类型。

第一，误代。误代的情况主要有两种类型：一是叹号误代逗号。其二，叹号误代问号。留学生在写作中，一种是容易将叹号误代逗号，把句内短暂停顿当做句末感叹，如例 44；还有一种如例 45，称呼语放在句中，不是强烈的情感的表达，只能使用逗号。

例 44：我恳切等着你们回信！谢谢！

例 45：妈妈！你还好吗？

叹号误代问号的情况通常出现在句尾是语气词"呢"时，当句子本身是疑问语气时，应该用问号而不是叹号。如：

例 46：结果怎么样呢！

第二，遗漏。叹号遗漏类型比较单一，通常是在祝福语之后的遗漏，如：

例 47：最后，我祝您身体健康敬礼想念你们的儿了××

应该在"祝您身体健康"后面加上叹号，表达衷心的祝福之情。

9. 省略号

省略号表示文中的省略部分，既可以指引文的省略，也可以是列举的省略。省略号只存在误代和添加方面的偏误，遗漏偏误几乎没有，因此不做讨论。

第一，误代。省略号通常误代逗号，如：

例 48：我说："要不要再等一等……他马上就到了。"

例 48 作者直接表达"等待"的意思，并没有语意未尽的感觉，也不是说话断断续续，不需要用省略号，应改为逗号。

第二，冗余。省略号的冗余一般分两种类型，一是用在"等""等等"这类含有列举义词语后，如例 49；二是在本不需要加标点的位置强行加入，如例 50。

例 49：现在回头看，我可以说从基本上的思想到细小的事情，比如说：喜欢的衣服、画、音乐等等……，都受了母亲的影响。

例 50：我们学的内容比较复杂，文学方面……，我不了解中国的历史、文学、风俗等等，特别是文学方面，高级汉语书里面有很多作者的作品，如鲁迅、巴金、老舍等，我到中国以后才知道，中国有这么多的作者，大部分的内容都第一次听到。

例 49 中已有"等等"，则不需要在后面使用省略号；例（50）中要表达的是文学方面的内容很复杂，并没有要列举省略，因此没有必要使用省略号。

10．书名号

书名号表示书籍、报刊、杂志、戏剧、舞蹈等名称。书名号的偏误分为遗漏和添加两种情况。例如：

例 51：他的作品如呐喊、阿 Q 正传、孔乙己等，都是精选作品，都被列为经典。

例 52：《父母是孩子的第一任老师》我觉得父母确实是孩子的第一任老师。

例 51 中的"呐喊""阿 Q 正传""孔乙己"都是小说名称，应该加上书名号。例 52 中"父母是孩子的第一任老师"，只是作者的观点，不需要加书名号。

二、偏误产生的原因分析

留学生标点符号使用产生偏误主要有以下几个原因。

（一）教师对标点符号教学不够重视

对外汉语教学中，课堂是实施教学最主要的场所，同时也是直接影响学习效果的第一要素。听课中发现，授课教师大部分时间用在汉字、词汇、语法教学方面，而标点符号并没有过多涉及，甚至忽略。此外，有些教师在课堂中的错误示范，对学生起着一定的误导作用。例如，板书、教学 PPT 展示，往往只重视字词的书写规范，而忽略了标点符号使用的规范。

（二）教材中几乎没有标点符号的教学内容

教材是教师教学和学生学习所依据的材料。本文对《发展汉语》《汉语教程》《博雅汉语》《体验汉语》《新实用汉语课本》等系列教材的考察中发现，90％以上的教材正文并未涉及标点符号的用法，而大多存在附录部分；仅有写作教材对标点符号有所涉及，而对应标点符号的练习形式也较为单一。

（三）学生认知度不够

本文在调查关于外国留学生汉语标点符号的学习态度和使用情况时发现，外国留学生对汉语标点符号的重视程度普遍不够，认为汉语标点符号可学可不学，造成很多初级阶段就该掌握的标点符号知识到了中高级阶段还是模棱两可。

（四）母语负迁移

外国留学生在学习汉语时，往往会不自觉地用母语的规则来套用汉语，尤其体现在标点符号的使用上。外国学生一般认为母语和汉语的标点符号没有区别或虽有区别但不至于影响语义表达，因此在使用过程中，常常将母语的使用规则套用到汉语表达中，产生偏误。

（五）目的语知识泛化

由于标点符号的教学没有形成系统，因而在使用过程中往往会出现目的语知识泛化的现象。留学生会将自己尚未完全理解的标点符号知识，照葫芦画瓢，使用类推的办法，不恰当地套用在新的语言现象上，造成偏误。

三、解决策略

外国留学生使用汉语标点符号时存在诸多问题。为提高留学生使用标点符号的正确率，改善标点符号教学，本文认为应从以下几个方面着手。

（一）教学方法应趋于多元化

现代汉语标准中共列出常用的标点符号有十六种之多，如果不进行系统教学，很容易混淆。教师应采用有效的、多元化教学方法进行汉语标点符号教学，以提高留学生规范使用标点符号的能力。

第一，重难点结合，对比教学。在各国标点符号对比中，各个国家之间标点符号都存在一定的相似性。这就要求我们开展对比教学。此外，通过对语料的考察，我们可以发现哪些标点符号最容易出错，这些就是我们教学的难点。充分了解学生的薄弱环节，才能进行有针对性的教学。

第二，"读"与"说"结合教学。以往的教学中，一般都是把标点符号划归到写这个大范围内。在今后的标点符号教学中可以尝试引入"读"标点和"说"标点。"读"标点就是要求教师在教学带读过程中，将教材中的标点以朗诵形式读出来，在读的过程中要注意不同标点之间间隔时间的长短、语气升降调等的差异。"说"标点就是在"读"的基础之上，引导学生运用标点符号进行造句。在学生正确使用标点组句能力得到充分锻炼后，指导学生运用标点辨析句式。在相同语句中不同的标点符号所表达的意思和情感有所不同。利用这些差异强化学生对标点符号的理解。

第三，应调整标点符号的教学顺序。在教学中遵循由浅入深的教学过程。根据教学阶段的侧重点不同，制定不同时期的教学目标。例如，在初级阶段，通常只需要掌握简单的标点符号基本用法，并且能够保证简单会话作文中正确运用；在中高级阶段，学习目标就应该是正确运用十六种标点符号并且熟练进行写作。同样，也可以先以单个语句为基本单位，逐渐过渡到语段、篇章。

（二）教师要提高准确示范标点符号的意识

对外汉语课堂教学中，教师的准确师范直接影响学生对所学内容的正确输入。首先，教师应该严于律己，保证对标点符号使用的规范性。例如，课堂板书和批改作业时应工整、准确书写，尽量避免简单、潦草的书写。此外，教师最好能够在学生学习初期，强制要求学生使用田字格练习书写，明确标点的正确书写方法。

（三）教材编写应体现标点符号的教学

教材是对外汉语教学过程中的四大环节之一，是教师教学和学生学习的重要依据。因此，有必要在对外汉语教材中加上标点符号的教学内容，帮助教师和学生确立重点，明确目标。在汉语学习的起步阶段，教材中应该针对常用的七种标点符号进行田字格教学，规范书写并做具体的讲解。争取把繁琐的标点符号划归到每个章节中学习。在学生通过 HSK 一定级别之后，再将剩下的九种标点符号进行一一讲解。

（四）将标点符号纳入 HSK 考试

一直以来，教师和学生对标点符号使用的不重视，有很大一部分原因是由于汉语水平测试没有专门针对标点符号的考查。在今后的汉语水平测试中，应该设置考生对标点符号的掌握情况的考题。这样既能考查学生对标点符号的综合使用情况，也可以了解到学生的断句能力、短文的阅读与理解等综合能力。

综上所述，外国留学生使用标点符号的形体书写偏误和格式书写偏误较少且具有共性，较为容易引导留学生进行规范书写；而使用功能偏误情况复杂，偏误形成的原因多样。只有提高对汉语标点符号的重视，并采取切实可行的教学策略才能逐渐引导学生克服偏误，准确使用标点符号。

对外汉语教师应具备的知识结构
和能力结构

（沈阳师范大学　王素梅）

随着中国国力的不断增强，面向外国人的汉语教学出现了前所未有的新局面，世界范围内学习汉语的人数与日俱增，对汉语教师的需求不断增大，对教师质量的要求也越来越高。中国国家汉语国际推广领导小组办公室于 2007 年组织编写了《国际汉语教师标准》（以下简称《标准》）。《标准》是对从事国际汉语教学工作的教师所应具备的知识、能力和素质的全面描述，《标准》由 5 个模块组成，5 大模块中包含 10 项大标准，54 项小标准。这是对汉语教师提出理想化的标准。但对对外汉语教师来说，完全达到《标准》中规定的各项目标是不可能的。那么，应该重点掌握哪些知识，具有什么样的能力呢？我们认为应该着重掌握五种知识，具备五个方面的能力。

一、掌握汉语基本知识，具有解决教学中遇到的语言问题的能力

汉语教师要从事汉语教学工作，首先必须掌握汉语的基本知识，这是立足之本。如果对自己所教授的语言一知半解，是不可能当好老师的。汉语教师应该掌握以下几种知识。

（一）语音基本知识

了解普通话的语音系统，多少声母、多少韵母、多少辅音，多少元音，熟练掌握声母的发音部位和发音方法、韵母的发音条件、汉语音节结构、声韵配合规律、拼音的书写规则、隔音符号的使用、变调的规律、轻声、儿化的发音等。此外，还要掌握汉语拼音正词法规则（2012 年 10 月公布了新的正词法）。不掌握这些知识，就无法很好地完成教学任务。有了语音方面的知识，教师才能掌握语音教学的关键，能够发现学生在语音上的错误并给予正确的指导。例如，学生发不好汉语拼音"r"的音，有的老师就让他反复跟读，跟了半天还是学不会，老师就没有办法了。这就是缺少语音知识的缘故，其实一个简单的舌位图，再加上老师适当的解释和示范就可以解决。所以一个对外汉语教师，应该主动地去学习和掌握汉语知识。

（二）词汇基本知识

词汇教学是对外汉语教学的重要内容之一，汉语教师应该对词汇方面的知识有比较全面的认识。构词的方法、近义词的辨析、词的搭配规则、新词语、成语、惯用语、常见的固定格式等都是我们要重点掌握的内容。特别是要重视同义词的辨析。学生经常问这样的问题："理解"和"了解"有什么不同？"往往"和"常常"的区别是什么？如果我们经常回答不上来，学生就觉得老师的水平不行。

［理解：了解］都有"知道"的意思，但是"理解"侧重于懂得别人的想法或文章的内容；"了解"多指对人或事物知道得全面。例如，我们是同学，我很了解他，但是，我不理解今天他为什么这么做。

［往往：常常］都表示经常发生，但是"往往"表示某种情况通常在一定条件下才会出现或发生，"常常"只表示经常，句

中不需要有表示条件的词语。例如：①他常常喝酒；②他往往喝酒；③周末，他往往跟朋友一起喝酒。

可见，同义词辨析是难点，掌握辨析的方法十分重要。实词的不同可以从理性意义、色彩、词性三个大方面入手去辨析；而虚词的不同，用这三条来辨析就困难了。马真（2004）的《现代汉语虚词研究方法论》是难得的一本好书，她提出了辨析虚词的 10 个角度，非常有用：①句类；②词类；③音节；④轻重音；⑤肯定与否定；⑥简单与复杂；⑦位置；⑧跟其他词语的搭配；⑨语义指向；⑩社会心理。她提出的虚词辨析的这十个角度对汉语教师进行虚词教学有着重要的指导作用。

（三）语法基本知识

作为汉语教师，如果不了解目的语的语法规则是无法胜任汉语教师的。学生在学习中经常出现一些偏误，比如：

①上次我不通过考试，所以这次再来了。（没通过、又来了）；②我昨天不来上课，不知道留了什么作业。（没来）；③这是一所真好的学校。（很好）；④今天比昨天很冷。（还冷、更冷）；⑤他把这件事没告诉我。（没把）。

在教学过程中出现的一些语法偏误，教师要作出相应的讲解，不能动不动就用"这是汉语的习惯"来搪塞学生，因为这样久而久之，学生就会对教师失去信任。教师要熟练地掌握语法规则，对语法问题作出正确的解释和说明。这就要求教师应该掌握语法研究的方法。例如：变换分析、配价语法、语义指向、语义特征、三个平面、认知语法等，否则，遇到问题不知道从什么角度去说明。例如，"他悄悄地病了。"显然，这是病句。为什么不对？通过观察发现，"悄悄"只能修饰自主动词，即可控的动词。例如，"他悄悄地走了。""我悄悄地离开了座位。"而"病"是一个非自主动词，是不可控的，所以此句不成立。

（四）汉字基本知识

掌握汉字的产生、汉字的演变、汉字的构造方式、汉字的偏旁部件、汉字的笔顺等都是必需的。汉字教学中，讲一些造字法的知识，有助于学生对汉字意义的理解，能引起学生对汉字的兴趣。

二、掌握二语教学法理论和学习理论，具有良好的汉语教学的能力

何谓教学法？刘珣指出，"教学法"一词有几个含义：可以指整个学科理论和实践，成为学科名称，如外语教学法，也可以指某一教学法流派，也就是在一定的教学理论指导下，在教学实践中逐渐形成的包括其理论基础、教学目标、教学原则、教学内容、教学过程、教学形式、教学方法和技巧、教学手段、教师与学生的作用和评估方法等方面的教学法体系，如听说法、交际法；还可以指教学中的具体方法，如"归纳法""句型替换法"；还可以指教学技巧。

汉语教师要了解各种教学法流派的特点，扬长避短，吸取各流派最合理、最有用的精粹加以融合。徐子亮（2005）指出："应该以学习者为出发点，研究语言学习的基本原理，分析学习者的认知过程，把握语言认知的基本规律，从科学的理性分析中，找出适合汉语特点的教学方法。"何谓适合汉语特点的教学方法呢？我认为就是博采众长的综合教学法，我们在对外汉语教学中，就应该不独法一家，而应采各家之长为我所用，根据实际情况选择教学法。

对外汉语教师不仅要掌握理论，还能把理论运用到教学实践中，具有良好的教学能力。汉语教学能力包括教学方法与技巧能力、课堂管理能力、教材编写能力、教案设计能力、课程

设计能力、课件制作能力以及激发维持学生学习兴趣的能力七个方面。拿教学方法和技巧来说，教师如果具有良好的教学方法和技巧，教学效果就事半功倍。

先以语音教学为例。有的学生发不好汉语送气音"t〔t′〕"，不懂教学方法的老师，一味让学生模仿自己读，学生不得要领，用力读，结果把送气的清塞音发成了相对应的浊音〔d〕。如果老师掌握一定的教学技巧，在嘴前边放一张纸，发不送气音"d〔t〕"时，气流较弱，纸不动，发送气音"t〔t′〕"时，气流较强，纸是动的。这样学生一看便掌握了送气音和不送气音的区别。

关于词汇教学的方法，北京语言大学校长崔希亮教授举过一个例子：一个汉语老师在课堂上解释"跳"，就照着辞典上的解释念，"双脚离地，身体用力向上"，词典的解释使学生把握不准什么是"跳"，崔希亮引用张清常教授的话说，这哪儿是"跳"啊，这是"上吊"。其实这样讲词义，不仅外国人理解困难，就是中国人也不清楚，其实教这个"跳"很简单，通过直观的教学法便能很快解决，如做一个"跳"的动作或者用图片、PPT学生一看就会明白。有很多动作动词都可以用动作来讲解。

怎么进行语法教学，也很有学问。初级阶段的留学生掌握的词汇有限，过多地使用汉语他们根本听不懂，最好的办法就是采用直观的教学法，利用公式、图表、例句等手段，使语法规则一目了然。例如，讲"一点儿"和"有点儿"时，就可采用公式法：

1. 有点儿＋A（不如意）

(1) 这件衣服有点儿大。

(2) 东西有点儿贵。

(3) 他有点儿不高兴。

(4) ＊她有点儿漂亮。

(5) ＊菜有点儿好吃。

2. A　＋　（一）点儿

（1）我要颜色浅一点儿的。

（2）我要便宜一点儿的。

（3）他汉语比我好一点儿。

3. V＋（一）点儿（＋N）

（1）杯子里有一点儿水。

（2）兜里有一点儿钱。

（3）你先吃一点儿吧。

通过公式和例句，学生就会发现二者的不同：第一组"有点儿"用在形容词前做状语，多表示不如意，被修饰的是贬义形容词或褒义形容词的否定形式；而第二组"一点儿"在形容词之后做补语，形容词褒贬均可；第三组"一点儿"在名词前是数量词，表示数量少。

对外汉语教师还应该了解第二语言习得的基本理论，了解第二语言的习得特点和规律，用来指导自己的教学。例如，能运用对比分析的理论预测学生学习的难点；能运用偏误分析的理论分析学习者在学习中产生的种种偏误，能分析偏误产生的原因，并能提出相应的教学对策。

三、掌握基本的文化知识，具有正确理解和传播中华文化的能力

语言是文化的载体，语言包含着文化。在讲汉语的同时，必然要接触到语言中的文化。作为教师，应该掌握以下几种文化，并在教学中加以注意。

（一）语言中的文化因素

1. 语构文化

指词、词组、句子和话语篇章的构造所体现的文化特点，反映了汉民族的心理模式和思维方式。刘珣认为，汉语结构的最大特点是重意合而不重形式。这与中国人善于概括、综合，从整体把握事物而疏于对局部的客观分析和逻辑推理的传统思维方式有关。汉语的句式结构还体现叙事一般按时间或事理顺序排列，说明事物常由大到小，从一般到特殊、从整体到部分、先原因后结果、由已知信息到未知信息等反映出中国人重视直觉体验、善于整体把握的思维方式。

2. 语义文化

指语言的词义系统，主要指词汇中所包含的社会文化内涵，它反映了汉民族的心理模式和思维方式。这是语言中文化因素教学的重点，包括汉民族特有的事物和概念（熊猫、梅雨、旗袍、四合院）、含义不同的一些词（如狗、龙）。

3. 语用文化

语用文化指的是语用规则。称呼、问候和道别、道谢和道歉、敬语与谦辞、褒奖与辞让、宴请与送礼、隐私与禁忌，都有一定的文化规约，我们要掌握。下面举几个学生文化偏误的例子：

例1：老师一路平安。（老师去校园里的另一座楼开会，学生对老师说）

例2：老师跑得像狗一样快。（运动会上老师跑得很快，学生夸老师时说）

例3：老东西你怎么还没死啊！（一位外国使馆人员见到一位中国朋友时说）

例1中"一路平安"应该用于出远门；例2中"狗"在汉语中具有贬义，不能用来比喻老师；例3中用于关系十分密切的熟人之间，带有诙谐的语气，而外国使馆人员和中国朋友之间关系并不十分密切，这样说是很不得体的。这些不当的表述，都是外国学习者不知道语用环境造成的。所以，要讲清词语的使用环境。

（二）基本国情和文化背景知识

基本国情和文化背景知识指中国的基本国情知识。这虽然与语言的结构没有直接关系，但却是掌握目的语和进行交际时所必需的，是第二语言教学的组成部分。例如，中国的首都、长城、黄河、长江，中国的人口、民族、政治、经济、社会制度、历史演变等是必须掌握的文化知识，也是学生感兴趣的内容。

（三）会一种以上的中华才艺

汉语教师除了会教汉语以外，还应掌握一门中华才艺。打太极拳、书法、剪纸、编中国结、唱中国歌、唱京剧、演奏中国乐器、跳民族舞、做中国菜等都属于中华才艺，也属于中国文化。这虽然是中华文化中的物质文化及精神文化中的物化的浅显内容，但对学习者极具吸引力，很多学习者正是因为对这些才艺感兴趣，才产生了学习汉语和了解中华文化的欲望，才对汉语越来越感兴趣。

中华文化博大精深，汉语教师对中华文化的掌握仅停留在表层上是不够的，还应了解中国的制度文化和精神文化。如果汉语教师对中国的一些基本国情如民族、人口、政治、经济、社会制度、历史演变等方面的知识没有基本的了解，就不能很好的向世界介绍中国。精神文化是中华文化的核心，是文化传播中最重要的部分。中华文化的核心是什么？胡锦涛在耶鲁大学的演讲，将中国文化的核心概括为四个方面：第一是"注重以人为本，尊重人的尊严和价值"；第二是"注重自强不息，不断革故鼎新"；第三是"注重社会和谐，强调团结互助"；第四是"注重亲仁善邻，讲求和睦相处"。胡锦涛的讲话概括了中华文化的核心，被誉为中华文化宣言。教师应该结合教学内容，潜移默化地宣传中国的核心文化，使外国人进一步了解中国，消除外国人对中国的偏见。

四、掌握一定的跨文化交际方面的知识，具有跨文化交际的能力

对外汉语教师还要掌握跨文化交际的知识，具有跨文化交际的能力。教师面对的是来自不同文化圈的学生，不仅语言不同，很多习惯、风俗也不同。对外国人进行汉语教学实际上也是一种跨文化交际活动，要使汉语教学能顺利地进行，不仅要了解本国的文化，还要了解学生所在国家的文化。了解学生母文化背景与汉文化背景的差异，了解中国与其他国家在政治、经济、思维方式、道德观念、教育制度、宗教信仰、风俗习惯方面存在的差异，恰当地把握好文化心态和文化立场，尊重自己的文化，也要尊重学习者的文化，避免因文化差异而产生的冲突。

良好的外语能力也是必不可少的。虽然我们不提倡用媒介语进行教学，但是，在教学中有时会遇到用汉语怎么解释学生都满眼疑惑时，适当使用媒介语还是有必要的。如果是到海外进行汉语教学工作，外语尤为重要。

五、掌握科学研究的方法，要具有一定的科学研究的能力

对外汉语教师，只上好课是远远不够的，还要有较强的科研能力。在教学中，教师会遇到自己不懂而工具书也回答不了

的问题，我们必须靠自己来解决。因此，对外汉语教师要掌握语言研究的方法，通过科学的方法，在对大量的语言事实进行分析的基础上找出规律性的东西。另外，还要掌握教学研究的方法，能对课堂教学存在的问题进行研究，对学习者的学习效率、效果进行评估等。总之，汉语教师要有科研意识，善于捕捉在教学中出现的各种问题，进行深入的研究。

要想提高自己的科研水平，关键是要多读书。应该重点阅读的书有很多，如本体方面的、语言研究的理论方法方面的、教学法方面的、二语习得方面的、文化方面的，同时也要勤思考，将课堂上发现的问题及时记下来，然后进行思考、研究，并且写出文章。这样，通过科研促进教学，在科学研究中不断地提高自己的科研能力。

此外，还要具有使用现代设备进行教学的能力。

日本学生汉字书写偏误分析及教学对策

（辽宁师范大学　李宝贵　丁　雪）

对外汉字教学一直是对外汉语教学界的研究热点，其中针对不同国别学生的母语实际，开展有针对性的教学与研究是近十几年来学者们普遍关注的课题，但相关研究开展的程度还远远不够，尤其是在对日汉字教学方面，研究成果的数量可谓是凤毛麟角。诚然，日本学生在习得汉字时会有天然的亲切感，也会有一定的先天优势，即日本学生对汉字的结构规律有较多的理性认识，对汉字的书写元素、构形元素和连笔顺序驾轻就熟。然而，日本学生在习得汉字时也不可避免地会犯一些错误。本文基于日本学生汉字书写偏误类型的分析，探讨偏误产生的原因，进而提出教学建议。

一、日本学生汉字书写偏误类型

为了取得在书写条件（环境、时间、字量、答题内容等）大致相同的情况下日本学生书写汉语汉字错误的第一手研究资料，笔者选取了北京语言大学 HSK 动态作文语料库中日本学生的 220 例书写错误，并将其分为错字 A 类、错字 B 类和别字三种类型。

（一）错字 A 类

这类错字共有 73 例，占总数的 33.2%，所占比例将近

1/3。错字 A 类可以继续划分为繁简字和日式汉字，可统称为汉日异形汉字，即被日本借去记录日语时形体发生了变化的汉字。

1. 繁简错误

这类错字共 37 例，一般情况下，初级学生的犯错率较高，中高级学生则在长时间习得汉语的过程中逐渐克服了繁体字对他们的影响（左为误字，右为正字，下同）。例如：

饭——饭　約——约　讓——让　識——识
後——后　認——认　題——题　種——种
長——长　個——个　說——说　時——时

2. 日式汉字

这类错字虽然只有 36 例，但这种直接使用日式汉字来代替汉字的情况较为普遍，是日本学生比较容易发生的书写偏误。例如：

応——应　強——强　営——营　污——污
収——收　请——请　对——对　囲——围
桜——樱　渋——涉　氷——冰　労——劳

（二）错字 B 类

这类错字共计 61 例，占总数的 27.7%。这类错字还可以从部件、笔画以及拼合字三个层面继续进行分类。

1. 部件层面

日本学生经常将构成汉字的正确部件写成另外一个部件，或者是多写了部件，再者是少写了部件，有的则因没有掌握好汉字的组合结构而写错了部件的位置。例如：

（1）多写部件：难——难　豪——毫
（2）少写部件：弟——第　简——简
（3）错写部件：誓——誓　游——游　留——留
　　　　　　　聘——聘

（4）部件位置写错：朁——婚　懂——懂　顽——顽

　　　　　　　　临——临

2. 笔画层面

笔画是汉字书写时不间断的一次连续写成的一个线条，是汉字的最小构成单位，一般可分为横（一）、竖（丨）、撇（丿）、点（丶）、折（𠃌）等几类。日本学生在书写汉字时通常会发生"多写了笔画""少写了笔画""笔画、笔形或位置搭配有误"等偏误现象。例如：

（1）多写了笔画：国——国　柝——析　面——而

　　　　　　　　步——步

（2）少写了笔画：般——般　刊——刊　直——直

　　　　　　　　翔——翔

（3）笔画、笔形或位置搭配有误：男——男　结——结

3. 拼合字

在日本学生的汉字书写中，总会出现这样一种"错字"，它既不存在于中国汉字中，也不存在于日本汉字中，但在字形上，它又与两种汉字都有联系，这些字被笔者定义为"拼合字"。例如：

经〔経（日）、经（中）〕　　直〔直（日）、直（中）〕

误〔誤（日）、误（中）〕　　钱〔錢（日）、钱（中）〕

（三）别字

在日本学生书写汉语汉字时，经常会出现这样一种情况，他们所写的字本身是没有错的，但其在一个词或一个句子中却是不对的。也就是说，他们写了正确的字，但却不是应该写的字。这种偏误类型就是我们通常所说的"别字"。这类错字共计86例，占书写错误总数的39.1%。根据正字和别字之间的关系可以分为以下四种类型：别字与正字字音相同或相近、别字与正字字形相近、形音综合、字义相同或相近。

1. 别字与正字字音相同或相近

汉语里有许多读音相同或相近的字，但是它们的字形却不相同，这样的别字共 11 例，占总数的 12.8%。例如：

(1) 字音相同：质——制　　工——公　　画——划
　　　　　　　叱——斥

(2) 字音相近：谋——陌　　心——信　　经——景
　　　　　　　呢——你

2. 别字与正字字形相近

单方面只因字形相近而发生的书写错误共 24 例，占别字总数的 27.9%。分为独体字、少写了部件以及错写了部件三种情况。例如：

(1) 独体字：已——己　　巳　　己　　少　　小
　　　　　　兔——免

(2) 少写了部件：受——爱　　存——荐　　门——闻
　　　　　　　　右——如

(3) 错写了部件：华——毕　　锁——销　　虚——虑
　　　　　　　　柔——茅

3. 形音综合

形音综合所占别字总数的比例最高，达 45.3%。这类别字有较为突出的特点，别字和正字之间大多有共同的声符，而且除声符以外的部件大多已成为表意作用不强的记号。这种表意作用不强的记号在中国人心里与其表示的意义形成了特定的联系。然而，日本学生并没有形成这种特定的联系。这类别字可以分为同音形相近、形近音不同（又分为声母不同和韵母不同两类）以及声调不同三种情况。例如：

(1) 同音形相近：象——像　　历——厉　　姓——性
　　　　　　　　理——里

(2) 形近音不同：

a. 声母不同：逢——蓬　　慨——概　　拨——泼

195

　　　　　　　增——曾
　　b. 韵母不同：沸——佛　　环——坏　　定——淀
　　（3）声调不同：谋——某　　但——担　　安——按
　　　　　　　　　故——古

4. 字义方面

　　这类别字虽然在字形和字音上也存在相似之处，但它们更为突出地表现在意义的联系上。例如：

　　（1）人材——人才（"人材"在日语中指的是"有才能的人"，与汉语中的"才"意思相同。）

　　（2）卒业——毕业（"卒业"在日语中有两种意思 a. 毕业 b. 过时，其中 a 与汉语意思相同。）

　　（3）既婚——已婚（"既婚"就是"已经结婚"的意思，和"已婚"表达的意思相同。）

　　（4）推售——推销（"售"在日语中有"卖"的意思，而"销"即"销售"，两者意思相同。）

二、日本学生汉字书写偏误的原因分析

　　日本学生产生汉字书写偏误的原因主要有以下五个方面。

（一）日语负迁移

　　在外语习得中，母语对学习者的影响是一个普遍存在的现象，这种现象在心理学上被称为"母语迁移"现象。根据"母语迁移"理论，在第二语言的习得过程中，学习者的第一语言即母语的使用习惯会直接影响第二语言的习得。根据教育心理学的原理，母语由于其与外语的相异成分而对外语习得产生的不利的、消极的影响叫作负迁移，是学习者掌握和运用外语的障碍。

　　在习得汉语的过程中，日本学生会自然不自然地受到其已

经建立的第一语言整套系统的影响。日本汉字的负迁移现象在日本学生书写汉字的过程中是显而易见的。在字形方面，如上文统计，在笔者的调查中，日本学生直接使用日本汉字来代替汉语汉字（即错字 A 类）而发生的偏误达到 33.2%，这足见日本汉字的"负迁移"作用在日本学生习得汉字过程中的影响程度。

此外，日语负迁移不仅表现在日本汉字的负迁移上，还表现在字义的负迁移上。这一错误与日语词汇有着密切的关系。由于日语词汇中的一些与汉语词汇意义相同或相近，加之其字形也比较相近，因而导致日本学生或混淆、或根本没有掌握牢汉语词汇而直接使用日语词汇、或是因为想表达的意义暂时没有学到而又想表达，便使用了口语词汇，如"人材——人才""卒业——毕业"等偏误。

（二）日汉共同影响

很多人都认为，日本学生从小便有接触与使用汉字的经历，因而他们学习汉字的障碍不大，绝大多数的日本学生也因此在学习汉语的过程中忽视汉字学习，将其重点放在其他方面。这正是他们不但会有书写错误，而且有一部分人的错误还相当严重的重要原因。正如笔者在前文划分错字类别时，注意到有这么一些既不存在于汉语汉字字符库也不存在于日本汉字字符库中的一类错字。笔者认为，他们是日本学生受其母语日语和目的语汉语共同影响的中介语系统的表现，具有"过渡性"。例如，"经验"中的"经"字，一半为汉语汉字的部件"纟"，一半又是日语汉字"経"中的"圣"，这样的错字体现出日本学生已经认识到这两个字的不同，但并没有掌握牢固。正因为如此，在日本学生的汉字书写中，总会出现上述的这种"错字"，它既不存在于中国汉字中，也不存在于日本汉字中，但在字形上，它又与两种汉字都有联系，这些字被笔者定义为"拼合字"。当中日双方某个常用汉字形状相近但字形差异又不止一处时，往往就容易出现这种现象。究其原因，一方面，因为日本学生面对中日对应有两个（或两个以上）差别的汉字时，找到其中一个（或两个）差异，就以为找到了所有的不同之处，没有做更仔细的观察，最后在书写中就各取一部分凑在一起；另一方面，因为字形差异在日本学生的记忆中还未被固定，对差异之处记得不牢，只能凭感觉和书写日本汉字时的经验凑出一些"汉字"。

（三）因发音不准而造成书写偏误

通过对日本学生汉字书写偏误类型——别字部分的分析、对比，发现了显著的不同，日本学生在"形声字"和"同音代替字"上所犯错误最多，这种现象一方面说明日本学生的汉字背景使他们具备了部分汉字正字法知识，对汉字的笔画、结构等特征有所掌握；但另一方面，他们的语音问题使他们遭受音近字偏误的苦恼。

留学生对汉字的学习主要表现在"听、说、读、写"四个方面，日本学生在阅读方面很有优势，这和他们的汉字背景有直接关系。学习了一段时间的汉语后，连查带猜，即使不太准确，一篇浅显文章的大概意思就懂了。而日本学生的听、说能力较之读的能力则明显差了很多，再者因汉语汉字发音不准确而导致汉语汉字书写错误的情况并不少见。

在声母方面，由于日语语音中并不区分送气音与不送气音，因而日本学生在习得汉语语音中的塞音 b—p、d—t、g—k 和塞擦音 z—c、zh—ch 以及 j—q 时会感到困难，常常混淆，因而出现了拨—泼、增—曾、慨—概这样的偏误。

在韵母方面，日本学生对 ou 和 o、i 和 u、en 和 eng、an 和 ang 等感到难以区分，因而会犯：谋—陌，起—趣，身—生等错误。

而"阴平、阳平、上声、去声"四声是汉语所独有的,各国学生都会在声调习得上发生偏误,日本学生也不例外。日语中没有四声,日本学生普遍感到声调较难掌握,因而会犯:谋一某,但一担,故一古等的偏误。

(四)缺乏对造字理据的理解

日本学生虽然在习得汉语汉字上存在先天优势,但对汉字的造字理据并不了解。日本学生从根本上只是把汉字单纯地当成记录语言的符号,在他们的意识里,完全没有"形、音、义"相结合这样的认知。因此,也无怪乎他们会把"推销"写成"推锁",因为他们没有认识到"肖"是声符,而汉字经过不断的演变发展,许多表音、表意的部件都已经变成了记号,这确实给日本学生学习汉字带来不小的麻烦。

对汉语复合词和固定结构的整体识别不强也是导致别字产生的原因。如果没有相应的讲解,留学生很少会真正懂得复合词和固定词语的内部结构和汉字与词的关系。对大多数汉语词语,日本学生通常会把它们看成一个整体,而很少将其分成单个汉字来理解。也正因为如此,日本学生很难理解汉语词语的深层含义,在写词造句时经常用错汉字。

(五)情感、性格和环境因素

西方学者的调查表明,学习第二语言的态度与所取得的学习成绩之间的关系高于学习其他科目的态度与学习成绩之间的关系,这是语言学习涉及更多情感因素的原因。有的日本学生没有利用好习得汉字的优势,对习得汉语汉字有些麻痹大意,对一些得过且过的错误不加注意。结果,随着暴露的问题越来越多,习得汉字的难度也逐渐加大。

在汉语教学的国际课堂中,日本学生较为安静,想在日本学生偏多的课堂中调动课堂气氛相对于欧美和韩国学生要难得多。日本学生在课堂上大多少言寡语，比较喜欢自己去思考，更倾向于通过自身的观察来学习，他们喜欢采用查字典、辞书的方式来解决问题而不是通过老师、同学获得答案。日本学生常常要在老师点名的情况下才会开口而且常常说到一半便戛然而止，以至于老师常常会问："然后呢？完了吗？"以此来判断是否会有更多的下文。也正因为如此，教师并不容易及时发现他们的问题。

从教师角度来讲，由于过多关注"非汉字文化圈"学生的汉字教学，从而对日本学生关注不够，这也是导致日本学生出现汉语汉字习得偏误的一个原因。

对外国人的汉字教学一直是对外汉语教学中的老大难问题，一方面汉字本身的字形结构复杂，没有专用的记音符号，义符表意作用不强，笔画种类多，部件搭配方式多样等特点使得汉字难教难学；另一方面，我们对汉语汉字的认识、研究重视程度还不够，缺少优秀的汉字专门教材，合理开设的汉字课程不多，整个教学环境也为日本学生习得汉语汉字提出了挑战。

三、对日汉字教学的建议

基于对日本学生汉字书写偏误的原因分析，教学中应扬长避短，找到有针对性的、行之有效的教学方法促进对日汉字教学，可以从以下四个方面着力。

（一）重视讲解汉字理据

要想取得良好的对日汉字教学效果，从一开始我们就要对日本学生进行汉字理据教学。首先，要让日本学生认识到，即使汉语和日语中都存在汉字，而且许多汉字在音、形、义上都有相通之处，但是汉字在日语中的书写和在汉语中的书写有着本质的区别。学习汉语汉字要重建一套新的文字体系。其次，教授日本学生汉字的时候，应该科学地讲解汉字的结构，使日本学生认识清楚汉字的造字理据，认真区分日语汉字和汉语汉字的不同，将汉字与其所对应的汉语词之间的关系作为讲解的重要内容。这样，日本学生是在理解汉语汉字的前提下习得汉语汉字的，也就更容易懂得汉语汉字的规律，摆脱日语汉字对他们的负迁移影响，在理性知识的指导下系统地学习汉字。

（二）注重正确的汉语发音

语音作为语言符号的物质外壳，是与一定的意义结合起来的。若不能准确地掌握一门语言的发音，势必会成为言语交际的障碍。而汉语汉字的音、形、义三个方面紧密联系，发音不准对汉字的书写也会有很大的阻碍，在习得汉语之初，就要牢固地打下汉语的语音基础，多听多练。日本学生在课堂上沉默寡言的表现很不利于其语音的习得，这样也会对汉字的书写造成影响。这要求我们鼓励日本学生要多听多说，积极主动。

另外，对于日本学生发音的难点，应进行汉日语音对比分析，对经常发生语音偏误的地方多加注意，预测他们在学习汉语语音的困难之处，在教学中要适当纠正其发音上的不足，在日本学生感到难以区分的几组音上要重点比较讲解，把某些汉语拼音的读音与日语中相近的假名的读音进行比较，如将"fu"和"ふ"进行比较，纠正其发音上的顽疾，以促进汉语汉字的习得。

（三）对比分析，严格区分

想要让日本学生尽快走出误区，摆脱干扰，除了转变汉字观念，注重讲解汉字理据外，教师还要注意中日汉字的对照比较，这需要一定的工作量。中日两国汉字在音、形、义方面都有相似、相近之处，这需要教师多查阅中日字典，严格区分中日汉字的差别，着重指出学生不易察觉和学生极易发生的细节错误，这样才能大大减少日本汉字对他们学习汉语带来的负迁移作用。

对于那些日本学生常常写错的汉字部件和笔画，要单独选出来加以分析比较，告诉学生正确的书写方法，帮助他们扎扎实实地掌握常用的笔画、组字部件和间架结构。在教授笔画、部件的初期，可以充分调动起成年日本学生善于理解的有利条件，恰当地利用现行汉字和古代汉字在形体上的历史联系，尤其是那些原先是象形、会意、指事字在现行汉字中演变为记号字但组字能力十分强的部件，如又、云、米、匕、夕等。另外，还要帮助他们扎扎实实地掌握常见的汉字字形组合方式和书写时的先后顺序规律（包括笔顺和书写部件的顺序），因为有一部分错字是因为中日汉字书写笔顺不同而造成的。

针对日本学生用同义、近义的日本词代替汉语词汇的情况，我们首先要搞清楚日本学生要表达的意义是什么，然后找到相应的汉语词汇同日语词汇进行对照比较。

此外，对外汉语教师也要严格要求学生书写正确的简体汉字，对误写繁体字或异体字的学生要加以指正和指导。

（四）加大汉字课的开展力度

随着对外汉语教学界对对外汉字教学的不断重视，国内学者对对外汉字教学进行了大量的研究，他们普遍认为开展独立的对外汉字教学课是在短时间内加强汉字教学较为有效的办法。但由于开展独立汉字课的时间不长，教师可以选择的教材也并不多，再加上开设汉字课程教师的教学经验不足，对外汉字教学课的教学效果也差强人意。但对外汉字教学课的开设是十分必要的。第一，应该注意将汉字知识讲授与集中扩大汉语汉字的识字量紧密结合；第二，科学划分识字内容层次与不同级别的日本学生识字水平接轨；第三，突出汉语汉字系统性的把握与应用，并注重把单个汉语汉字的学习同词句学习结合起来。

也就是说，教师应把汉字教学作为重中之重，通过汉字教学内容的不断丰富来促进词汇教学，进而完善语法教学。这有利于让学生在习得过程中按照由简到繁、由易到难的顺序不断扩大习得汉字的范围，最终促进日本学生对汉语汉字形、音、义的全面掌握。此外，也可适当借鉴中国小学语文汉字教学的一些经验，如集中识字法，即当学生识字量达到一定程度时，引导学生总结一些识字规律，以此来提高汉字教学的效率。

对日汉字教学具有一定的难度，这是摆在对外汉语教师面前的一个问题。要想解决这个问题，既要对具体的汉字教学方法进行仔细研究，也要深入探讨汉字课堂教学技巧，同时要考虑教学对象的特点，因材施教，逐渐完善对日学生的汉字教学。

对外汉语初级阶段汉字教学原则探析

——以沈阳化工大学为例

（沈阳化工大学　马立立　王　亮　吴海迪）

笔者在对外汉语教学过程中发现，到了汉语学习的中高级阶段时，汉语学得好的学生的汉字基础也同样很好，而因其汉字基础好，汉语水平也就很容易提高。相反，在汉语学习的初级阶段不重视汉字学习的学生，其汉语水平的提高就相对缓慢甚至困难得多。对于我校的留学生而言，大部分来自非洲，以尼日利亚学生为主，也就是说，我校的留学生大部分来自于非汉字圈国家，因而实现汉字的零突破，消除留学生对汉字的畏难情绪，初级阶段尤为重要，这一阶段所打下的汉字基础，对以后的汉字学习，甚至整个汉语学习，都起着至关重要的作用，这篇文章要探讨的就是笔者根据教学过程中观察到的现象总结出的初级阶段汉字教学的三个原则。

一、先学拼音，而后综合课内进行相对独立的汉字教学

目前，对外汉字教学的模式主要有两种。第一种是语文一体、随文识字、写字，在这种模式下，汉字教学的内容依课本出现的汉字的先后顺序进行，先出现的汉字先识、先写，后出现的汉字后识、后写。第二种是先语后文，多认少写，在这种模式下，教材中汉字可以跟拼音同时出现，但是不做识记、书

写要求，使学生逐步建立汉字的概念。这两种模式各有利弊。根据我校的汉语课时安排总量及笔者在教学中体验对比两种模式，觉得在综合课内进行相对独立的汉字教学更适合我校学生。吴玉梅、唐敏认为，拼音是整个汉语学习的基础，更是汉字学习的基础，学习者在最初阶段主要是依靠汉语口语的技能来帮助汉字的识别，如果一开始就进行汉字教学，汉字认知注定要失败。例如，对于笔画"一"的教学，学生在拼音田字格上练习这个笔画时，同时也要在相应的拼音位置标注"héng"，这样既巩固了所学的拼音知识，又能记住这个笔画的汉语名称。在我校的课程安排中，新生报到的前两周是上基础汉语课，在这两周的时间里，学生能大体了解了汉语拼音的发音，拼音阶段的学习对于我校尼日利亚学生来讲，会给他们以亲切感，因为尼日利亚根据地区的不同主要讲三种语言 Hausa、Igbo、Yoruba，这三种语言都是字母语言。拼音阶段的学习中穿插汉字笔画的教学，这样在学习拼音的同时既给学生创造了一种汉字学习环境，又能避免学生过分依赖拼音。

二、多识少写

综合课内进行相对独立的汉字教学，要使学生慢慢地熟悉汉字并接受汉字。在综合课上，除了汉字，还要处理生词、语法和课文等，优点是可以更灵活地安排汉字教学环节和时间，避免了单一汉字教学的枯燥，而弊端就是汉字在综合课课上出现的顺序与汉字的认知规律可能会不一致。举例来说，我校综合课教材用的是《汉语教程》（杨寄洲主编），第一课课文内容是对话，内容如下：

A：你好！

B：你好！

"你"和"好"这两个汉字的书写对没有汉字基础的新生来

说比较困难。针对这一问题，笔者认为在综合课的课堂内，对于汉字讲解，认读要先于书写。对于我们教材中出现较早，如"谢谢"（同上，《汉语教程》，杨寄洲主编，第五课），但笔画和结构比较复杂的汉字可以在刚接触课文时只要求认读，不要求书写。那么，对于初级阶段的学生，何时进入汉字的书写阶段较为合适呢？按冯凌宇（2010）的教学实践经验，"大概 3 至 5 周后，介入汉字知识和汉字书写是比较合适的"。笔者根据自己学生的特点，在教学实践中发现，5 周左右的时间（周 4 课时）比较适合我校学生。在这之前的综合课上，汉字教学环节可以借助拼音、拼音和汉字同时出现，也可以用图画来识字（主要针对象形字）。这样既能巩固所学的拼音知识，又能使留学生熟悉感知汉字。

综合课课文内出现的汉字较多，而对于初级阶段的汉字教学，要多识少写。这样就避免了要求留学生每个字都要会读、会写而对留学生造成的学习负担过重，不会让学生对汉字产生抵触情绪。等学生的汉字能力提高到一定水平后再对学生进行听说读写的全面训练，这样由易入难，循序渐进，学生更容易接受。

三、整字认读识记

笔者在教学中发现，在汉字学习的初级阶段，要求学生按部件去识字反而会使学生更加迷惑。举例来说，《汉语教程》（杨寄洲主编）第一课中出现"你好"，对于"好"这个字，在教学中如把它分解成"女"和"子"，学生反而一头雾水，因为学生此时还没有学过"女"字和"子"字，老师越解释，学生越发懵，一个他们还不明白的整字被分解成他们两个他们依然不明白的部件，对学生来说没有意义，反而会使他们产生畏难情绪，这个阶段他们对汉字的结构还没有概念，拆分成部件只是增加了他们识记的负担，更不利于"好"字本身的识记。所以笔者认为，对于我校学生，初级阶段的汉字教学适宜采取整字教学，尽量少做部件分解。当学生认识的汉字达到一定数量后，再拆分部件，进行部件分析，这样对于初级阶段的学生而言，更有利于汉字的识记。而对于可以做独体字的部件，在学过后，可以利用这些部件组成新字，如学过象形字"日"和"月"后，可以教学生"明"字，这样既巩固了旧字，又学习了新字。当学生学过并掌握了一定数量的独体字和部件后，加上他们所学的汉字结构方面的知识，会更有利于他们认读和识记汉字。

第三部分：不同国籍留学生学习汉语的差异和难易

"沉浸式"汉语教学法在三星的实践

（辽宁大学　杨　捷）

　　"沉浸式"语言教学法最早起源于加拿大，现在在北美地区颇为流行，它主张学生用目的语学习一切课程，并从小开始就这么做。根据华声报旧金山消息：美国旧金山汉语教育促进会于 2 月 19 日上午召开会议，针对加强中文教育进行讨论。汉语教育促进会创办人顾迎明表示，希望在日落区的新学校黛安法斯坦小学推行汉语沉浸式教育，所以目前与俄语沉浸式教育机构合作，希望收集到二三百人或更多人签名，让这个计划得以推行。由此可见，在汉语学习中适度使用"沉浸式"教学法也是一种可行的方法。笔者通过在三星集团公司人力开发学院工作几年的时间经验证明，在国外目的语环境恶劣的条件下，采用这样的方法是行之有效的。

　　三星集团公司（简称三星）是世界知名企业，它在各个方面都具有很强的包容性，并且积极向最先进的文化学习，正因为如此，它以其独特的企业文化日趋强大。三星公司特别重视对人才的培养，尤其重视对员工语言能力的培养，旨在使三星人具有国际化的竞争能力。三星人力开发学院就担负起了培养三星人语言能力的重大任务。三星人力开发学院在 1992 年创立了汉语部，至今已经走过了的十四年的风雨历程，它为三星培养出了大量语言方面的人才，也为三星培养出了了解中国文化和对中国有着浓厚兴趣的交流使者，他们深入到中国的各个角落，为三星辛勤工作，为中韩友好的发展贡献着自己的力量。

三星人力开发学院汉语部根据学生的工作性质和学习目的的不同，把参加培训的学生分为地域专家、海外业务工作者、国际化专家和驻在员进行专门化的汉语培训，让学员全部住到学院里，让学生沉浸在汉语环境中，结果取得了令人满意的效果。我觉得，要让学生能更好地利用"沉浸式"教学法取得好成绩，下面的几个因素缺一不可。

一、热情认真的教师

三星人力开发学院对教师有比较严格的筛选，招聘教师主要有两个渠道，一是直接在国内的名牌大学招聘专职教师，二是在韩国通过汉语学院招聘兼职老师。首先对教师的资格进行严格审查，然后参加三星人力开发学院人事部门组织的面试，通过面试以后才能进入三星工作，教师在任职期间学生对教师进行多方面的严格评价。对教师的评价主要包括语言知识、教学方法、教学环节等各个方面，一年中有五期课程，每期课程学生对教师有两次评价，一次是在课程的进行中，另一次是在课程结束的时候。三星根据评价的结果，决定下一期教师是否留任。正是有这样的评价制度，教师们才具有极大的自觉性；正是有这样的评价制度，才能督促教师准备大量的、系统的资料来满足学生的需要，教师把最大的精力投入到备课当中，首先教师就沉浸在所讲的课程里面，对所教的课程做充分的准备，对所讲的内容熟烂于心，讲起课来游刃有余。而且因为公司严格规定，不能使用中文以外的其他语言，学生愿意和老师多交流、多联系、多练习，加之学生勤奋好学，教师和学生在教学中进行互动式教学，所以真正达到了教学相长的境界。

二、独特新颖的教法方法

三星的汉语教学有其独特的方法。口语课是中心，以话题为主，精读课和听力课围绕口语课展开。口语课的作业就是话题练习，先让学生写一个话题，老师精心批改，给学生录音，学生模仿老师的发音，背诵这个话题，学生每天写一个短文，在写的过程中，不断补充学习新的词汇，听后模仿又练习了他们的听力和口语能力，有效地提高了学生听、说、读、写的水平。为了让学生更好地沉浸在汉语环境中，开发学院采用封闭式教学，学生在周末才可以回家，在学习期间有严格的规定，学生不允许讲韩国语，一经发现，有严厉的处罚，轻者罚红牌，重者劝退回家。课程结束时，有 SST（Samsung Speaking Test）考试，这是三星集团内部的一种口语测试，学员所在的公司对学生的成绩都有一个规定，你应该得到几级，在学习的过程中学生始终在本公司的人事部门的掌控之下，经常接到公司发来的激励学习斗志的短信。老师可以说是和学生朝夕相处，学生始终处在良好的语言学习环境当中。学院在课程中还安排了各种各样的讲座，有语法讲座、中国文化讲座等，还定期举办汉语文化交流实践活动、汉语演讲比赛、中文歌曲大赛等。"在外语学习的环境下，学生与说目的语为母语者的交际机会十分有限，不可能完全克服模拟交际所造成的弱点。因此，在可能的条件下，增加学生与说母语者交际的机会，对于提高学生的交际能力至关重要。文化交流将是一个十分难得但却十分有效的教学策略。"

三、实用多样的汉语教材

人力开发学院的老师们结合公司的实际需要，完全摒弃了国内权威院校编写的汉语教材，大胆地颠覆传统和经典。让学生在学习期间就沉浸在他们今后的工作环境中。人力开发学院根据学员今后工作性质的不同组织教师开发了一系列教材，按照教学对象分为驻在员教材、地域专家教材、国际化专家教材和海外工作者教材，其又细分为工作汉语、生活汉语、生产汉语和商贸汉语等。因为这些教材在教学对象和教学目的上均有明确的针对性，所以也具有不可替代性。它是结合三星人的实际需要而编写的，其极强的实用性也是国内外其他同类汉语教材无法比拟的。而且根据学员及其水平的不同，制订了不同学习阶段的学习任务，"外语学习是一个从低级到高级发展的渐进过程。促使其发展的动力是外语的不同阶段的功能要求；如果每个阶段不能及时提出新的功能要求作为目标，学生就不能向这个目标前进"。在编写之前，编写者充分调查了学员学成后去中国所要完成的学习和工作任务，以及他们在中国工作和学习中可能遇到的问题等，有针对性地将其编写到教材当中，所以教材内容涵盖了他们的实际需要。比如驻在员课程，因为驻在员都要到中国长期工作，他们的工作期限一般为五年，所以公司要求他们是要有一定语言基础的高级管理者。所以他们既需要学习生活方面的内容，也需要学习工作及生产方面的内容，根据这些特点，驻在员课程分为工作汉语（主要包括签订合同、谈判、公司会议、银行存贷款业务、投诉等内容）、生活汉语（包括子女入学、租房、买车、宴请等内容）、生产汉语（包括生产过程、生产步骤、生产环境、设备管理和采购管理等）。而其他类型学员因为没有汉语基础或起点较低，则课型分为精读、口语和听力三种，内容也是围绕着他们在中国即将面对的生活和工作环境而展开的。这四种课程无论在教材上还是教学内容上都环环相扣，既独立存在又紧密相关。而且根据实践的需要，学院重视功能性，以口语教学为主，不是干巴巴地讲述语法，而是在特定的情景和语境之下，用一些功能性的语言，合理地展开教学的内容。首先是精读领先，语法先行，在对学生工作和生活密切相关的某一重要话题的介绍中恰当地运用相应的语法内容，把要交代的内容先进行总体介绍；其次是口语实战，在实践性的原则下充分操练，把精读中的难点和要点在各种特定的情景之下流利顺畅地表达出来；最后是听力概括，在听懂说好的基础上适当地扩大词汇量，综合检验前两项的教学效果。

四、努力勤奋的学生

我在从事对外汉语教学的生涯中，说实在的以前对韩国人的印象不是太好，因为很多韩国人在中国学习不努力，没有什么学习目的和目标，可是在三星工作的这几年让我对韩国人的印象完全改变了。"三星人"可以说集聪明与努力于一身，在学习的过程中表现出非凡的才能和毅力，三星的职员能被派到开发学院学习汉语，对他们来说可以说是千载难逢的机会，他们万分珍惜这个难得的机会，废寝忘食地学习，他们早起晚睡，每天的睡眠不足五个小时，除了上课时间以外，他们都在复习、预习、做各种各样的练习，每天的作业量不是常人所能完成的。有一句话说得好，外因是条件，内因是根据。正是内因起决定性的作用，让学生主动、积极沉浸在学习中，所以学生的汉语水平突飞猛进。

总之，三星的汉语教学在探索中成长，它利用自己具有优势的条件和环境形成了自己特有的沉浸式的教学风格。三星的汉语教学既有特殊性，也有挑战性。有很多学生学习十个星期以后进步惊人，他们的口语表达能力相当于在中国学习了一年的学生，他们到国内的大学继续研修的时候，让很多老师惊叹不已，他们不能相信在短短的十个星期内，学生能具有这么高的口语表达能力，他们发自内心地赞叹"三星的汉语教学十周等于一年"。三星的汉语教学有很多值得我们借鉴的地方，也有很多值得我们汉语教学思考的地方。

浅析工科类（英文授课）留学生
的汉语教学模式

（沈阳航空航天大学　顾莹雪）

近年来，随着我国国力的增强，国际地位的不断提升，越来越多的外国人选择来华学习，工科类专业的外国学生逐年增加。根据国家留学基金委的统计，在我国接收外国长期留学生的 15 个学科中，工科类专业学历留学生占有比例逐年提升，这说明我国工科类留学生已具有相当的规模。但是工科类留学生，尤其是采取英文授课的留学生的汉语教学现状却达不到令人满意的程度，还有许多问题亟待解决。

一、工科类（英文授课）留学生汉语教学现状和存在的问题

（一）留学生对汉语学习重要性认识不明确

工科类留学生来自不同的国家和地区，其语言系统极其复杂，未解决留学生学习的语言障碍，多数学校采用全英文授课，这一举措虽然方便了专业知识的传授，却使得留学生的汉语学习处于十分尴尬的境地。留学生毕业后一般回国就业，只是在中国留学期间需要学习、使用汉语。使用全英语授课，易使留学生产生错觉，认为汉语学习不重要，从而影响留学生对汉语学习的积极性，助长了学习汉语的惰性，因而汉语学习虽然学

时多，但汉语学习的进度很慢，学生常把汉语课当成可有可无的课程，达不到学习目的。这极大地抑制了他们学习汉语的积极性。

（二）汉语教学内容与专业学习内容脱节

在工科类留学生的汉语教学中，缺乏专业与汉语教学的沟通，忽略了汉语学习的特殊性，忽视了专业汉语中特殊用语的教学，导致留学生认为汉语学习对他们专业学习没有帮助，影响学习汉语的积极性。同时，汉语教材与专业知识的脱轨也使得学生很难将所学的汉语知识应用到所学专业领域，造成"学无所用，用时不会"的现象。

（三）留学生对汉语学习产生畏难情绪

汉语是一门古老的语言，具有极其悠久的历史，其发音和文字的书写都和其他国家的语言有很大的差别。语音方面，汉语的语音中有声调、翘舌音、儿化音等独有的特质，留学生掌握起来比较困难，不仅自己读困难，听别人说也很难辨别出来；汉字方面，作为象形文字的汉字，其基本组成单位是笔画，这一点成为留学生们书写的最大障碍，尤其是形近字的区分，例如"术""木""本"等，如果不仔细看，很难发现其中的不同；词汇方面，汉语的词汇丰富且独特，留学生很难准确掌握。例如，汉语中有许多量词，成为留学生学习汉语词汇的一大障碍。因此，许多留学生认为汉语学习起来难度较大，尤其是汉字的认读和书写，对他们来说简直是一道无法逾越的障碍，一种畏难的情绪油然而生，这对他们的汉语学习势必产生一定的消极影响。

（四）居住环境等客观条件的制约

此外，留学生基本上都住在相对独立的宿舍楼，学习、生活期间很少与中国学生交流，学生局限于内部之间的交际往来，形成一个封闭圈，这种情况也阻碍了留学生使用汉语进行交流，从而影响到了汉语教学成果的巩固。

二、工科类（英文授课）留学生进行汉语教学的必要性

（一）生活交流的需要

留学生在中国学习和生活，每天面对的绝大多数是中国人。生活的方方面面如交通、饮食、购物、旅行等都免不了要和中国人打交道，不是每个中国人都会英语。因此，不会说汉语会给他们造成诸多不便。留学生如果没有基本的汉语交际能力，则寸步难行，随时随地会遇到困难，间接地影响他们的专业学习。而且这些来自不同地区的留学生说的英语带有各自的语音特色，相互之间有时也很难听懂，这样就造成了交际障碍。

（二）实习、工作的需要

留学生在实习阶段接触许多中国人，而且很多实习材料是用汉字书写的，如果汉语水平不高，就无法与同事进行有效的沟通与交流，无法顺利地完成实习任务。因此，基于以上因素考虑，工科类（英文授课）留学生的汉语教学不容忽视，对其教学模式的研究更是迫在眉睫。

三、工科类（英文授课）留学生汉语教学模式的改革措施

（一）整合师资队伍，建立高素质教师团队

学生是教学的主体，教师则是主导，是教学质量的保证，

一支稳定的强有力的师资队伍对提高教育教学质量是非常必要的。留学生教学的特殊性，更决定了教师在其中的关键地位。因此，应该把师资队伍的建设和培养工作放在首位。

首先，对对外汉语教师的教学工作进行规范，对于教学组织与管理、教学纪律、教学要求、成绩记录、考试管理等各个方面有明确的工作要求，并由专人进行管理。其次，必要时设立专职的对外汉语教师，如果条件不成熟，那么就要在外聘或兼课的教师中引进优胜劣汰制，建立留学生对对外汉语教师的评价系统，对优秀教师进行表彰，不合格的教师要予以淘汰，以此来增强对外汉语教师的责任心，促进对外汉语教学的管理工作。

（二）编写与所学专业配套的汉语教材

教材是教学的根本，决定着教学的基本内容，体现着教学的基本原则和方法，对教学质量起着基本的保证作用。我们可以通过调查访谈的形式，了解学生的汉语学习需求，整合出他们感兴趣的内容或话题，选择学生急于表达的，眼前急需解决的交际问题，如换钱、买东西等，编写《实用汉语基础教程》。在此基础上，我们可以加深难度，将工科类专业词汇融入其中，使这套汉语教材，具有适应他们专业性质的特点，侧重培养学生的专业交际能力，使其能尽快适应专业课的学习。

（三）加强汉语课堂建设，严肃课堂纪律

针对工科类学历留学生，要严格制订执行考勤制度。学生上课出勤情况可以和考试联系起来，如可以规定，一学期中每门汉语课程可设 30 分的出勤考核分，迟到一次扣 0.5 分，旷课一次扣 1.5 分，病、事假酌情扣分，期末考核时，如果该分数低于 18 分（占总分的 60%），即可取消其考试资格。在计算学生成绩时，平时的出勤率也可以占一定的比例。此外，要用一

定的处罚手段来规范学生的课堂和考试行为。例如，规定累计旷课达一定数量的作退学处理，考试作弊者不得参加补考，等等。通过这些方式来约束留学生，促进他们的汉语学习。

（四）整合汉语课程设置，明确教学目标

工科类（英文授课）留学生，在入学初期，可以适当对其进行汉语强化训练，加大汉语基础课的密度，利用 2 周左右时间，让他们掌握拼音等基础汉语知识，并能用简单的句子进行交际对话，对一些日常交际场景达到熟悉的程度，此后可加强专业汉语的教学。留学生对专业课感到困难，其根本原因是专业词汇不足，所以词汇教学应列为他们汉语课教学的重点；上专业课的老师语速较快，吐字不像语言课老师那么清晰，有些还带有方言口音，造成听力理解上的障碍；因此，汉语课应重视培养留学生"听"的能力和"读"的能力。

四、结 语

大学本科阶段是学习的关键时期，我们必须提高教学质量，让留学生学有所成，才能提高学校知名度和参与国际竞争能力，吸引更多的留学生来华学习，达到争创国际一流大学的目的。我们应该努力探求适合工科类学历留学生实际情况、切实可行的汉语教学模式，从而提高留学生总体教学质量。

初级阶段非洲留学生汉字
书写偏误分析及建议

（沈阳化工大学　吴海迪　王　亮　马立立）

非洲留学生作为来华留学生的重要组成部分，在学习汉字方面，与其他国家学生相比有其普遍性，也有其特殊性。学习者的母语及官方语言以英语、法语、葡萄牙语为主，都属于拼音文字，迥异于象形文字的汉字。这给非汉字文化圈的非洲留学生造成了很大的学习障碍。本文以非洲留学生汉字书写偏误为主要研究对象。需要强调的是偏误是对正确语言规律的偏离，这种错误是系统而规律的。对汉字书写偏误的正确分析可以引导留学生准确高效地掌握汉字书写规律，更好地指导教师进行实践教学。

一、教学对象

我校非洲留学生大多数为学历生，在完成一年左右的汉语课程后，开始其专业课程的学习。由于汉语学习时间短，任务重，加之汉语本身的复杂性，很多非洲学生在结束了一年的汉语课程学习后，虽然汉语听说能力有了很大的提高，可是汉字的学习效果却不是很好。鉴于此，如何选择教学内容以及行之有效的教学方法变得尤其重要。

二、高频汉字书写偏误分析

由于篇幅的限制，本文只选了具有代表性的高频汉字书写偏误进行分析。非汉字文化圈学习者习得汉字要经历笔画、部件与整字三个层次，因而本文把汉字书写偏误分为以下三个层面。

（一）笔画层面

汉字笔画是留学生学习汉字的基础。在初级汉字学习阶段，非洲留学生常出现的笔画层面偏误主要有三类：①笔画变形（如笔画"点"常常被写成短短的"撇"）；②笔画逆向（这一偏误不容易被老师发现，因为这一偏误是动态发生的。学生在写汉字时，往往是依葫芦画瓢，常常把该往右写的笔画往左写了，该往左的往右了）；③笔画组合偏误（笔画的组合方式有相接、相离与相交三种。学生常常把相接或相离的笔画写成相交笔画，相交的笔画又写成相接的，如："那"字，很多同学喜欢把该字的左半部分写成"月"）。由于非洲学生所使用的文字是拼音的表音文字，而汉字这种表意的象形文字对其来说很难。笔画上的各种形变、组合以及细微差别都会对他们的学习和记忆造成一定的困难。因此，在基础阶段，一定要让学生打下良好的笔画书写基础。研究表明，学生对于笔画的熟悉程度直接影响着学生汉字学习的效率。

（二）部件层面

"部件"是汉字学习的重要内容。本文把部件层面偏误分为三类：①部件的改换偏误（在部件的改换中，声旁的改换只占很小的一部分，绝大多数的偏误都是形旁的改换，如把"地"中的土字旁改换成了王字旁）；②部件增加或减少偏误（一般来说，部件减少偏误要明显多于部件增加偏误，尤其是在汉字运用中，由于相邻汉字的干扰，部件的减少尤为严重，如学生经常把"汉语"写为"汉吾"）；③部件的变形与变位偏误（受拼音文字的干扰，留学生常常把一些字母变成汉字的部件，如学生常常用小写字母"j"来代替"言"字旁，有些学生把"口"字旁直接写成"O"。同时，学生学习汉字时也经常发生部件镜像变位的偏误，并且经常发生在左右结构的字中，如把"那"的左右两部分写颠倒了）。

（三）整字层面

整字层面的偏误类型为：①结构偏误（经常有些学生把组合起来的部件分开来写，各部件之间的距离过远。例如，左右结构的字："机"被写成"木几"，半包围结构的字："起"被写成"走己"，上下结构的字："多"被写成"夕夕"，这一偏误造成的原因是因为学生没有注意到汉字部件的形变）。②同音、近音偏误（因为汉语的同音字，近音字很多，尤其是在汉语学习的初级阶段，学生经常出现这类偏误，并且这类偏误一般出现在词语或句子中，如"有好""工司"等）。

三、教学建议

本文针对以上的偏误分类与分析，提出以下几点教学建议。

第一，任何的学习都必须遵循学生的认知规律。汉字的教学要遵循从笔画到部件再到整字的步骤，书写练习的内容要遵循由简到繁，循序渐进的原则。这样才更有利于学习者从整体上认识和把握汉字的规律。同时，教师在上课时可以多提供一些方法帮助学生记忆或者引导学生总结汉字书写的规律，先通过学生的机械记忆，再通过练习达到自动化应用的程度。例如，为了让学生更好地掌握汉字的笔顺，可以采取让学生数笔画，或者笔画默念的方法，这种方式可以在学生动态书写中观察学生的书写偏误并使学生加深对汉字笔顺的记忆。再如，提醒学生牢记汉字书写笔顺一般为"先上后下，从左往右，先中间后两边"的基本规律。

第二，在课堂上，教师要注意汉字知识的讲解，让学生对汉字的理据性有所理解。适当介绍汉字的字源、造字规律、偏旁部首和形声字结构的知识等。例如，根据汉字的象形性，在教授一些象形性比较明显的汉字时可以使用图片讲授的方式。根据形声字及其声旁表现出的特点，在教学时，教师可以给学生分析汉字的构成，向学生讲解形旁表意，声旁表音，以此建立起记忆模式以帮助学生快速学习汉字。

第三，教师应善于调动学生学习汉字的积极性。首先，明确学习汉字的重要性。汉字是中华文化的载体，汉字的学习可以使学生更好地融入中国，更好的体会中国文化。其次，寻找一些方法来提高学生学习的兴趣。教师可以引导学生在生活中认识汉字，让学生去校外拍一些广告牌、路标、牌匾等，并在课上检验学生的自学情况。这样一方面加强了学生对汉字字形的掌握，另一方面也帮助学生将书本知识同生活结合起来，提高汉语学习的乐趣以及在生活中学汉字的意识。再次，根据精讲多练的原则，教师应在课上或课下创建丰富的汉字使用情景，加强汉字书写操练，使学生能够活学活用，提高汉字的书写水平。

第四部分：中国文化课的教学体会与内容拓展

"可视性文化"与对外汉语课堂的适度伸延

（沈阳航空航天大学　李维拉　陈永庆）

外国留学生来华学习汉语，在目的语环境下感受着异样的文化存在：在饭店、校园、公园等交际场所，刀、叉被取替为筷子；面包、三明治换成了馒头、饺子；酒吧变成了茶馆，而练太极、学书法等全新的文化模式更会使他们的视觉为之一新，这种崭新的物质文化视点可称之为"可视性"文化。它突出了一国文化的外在表层，足以使新来者充满好奇，这种新奇感如引领得当或许会成为初学者的一种文化沐浴，从而开启学习汉语、融入中国文化、产生交际欲望的兴趣之源。但如果引导不当亦会使其陷入"文化休克"而对其后的学习产生负面效应。在对外汉语教学的初期阶段，在学习者词汇量不足以接受深层次文化讲授之时，发挥"可视性文化"的引领作用，以观、赏等视觉活动配之以课堂的语言知识学习，使初学者奠定最基本的目的语文化情感，应该是对外汉语教师不能忽视的重要环节。这是因为，交际技能的发展，必须通过课堂和在自然语言环境中"参与性习得"两个途径得以实现。成人第二语言学习是从有意识的学习逐渐过渡为语言的习得，而学习和习得的关系又好像是上下倒置、部分交叠的三角形，随着时间的推移和语言水平的提高，第二语言习得的成分愈来愈大，学习的成分就相对地变小。从这点出发,"可视性文化"的关注和必要的操作恰恰是提供了这种习得进程中不可或缺的"文化摆渡"过程。

一、"可视性文化"的定位及其关注价值

"可视性文化",顾名思义,是指一国文化中呈具象性、可见可感、尤以物质实体或习俗表象为特征的文化。在杨寄洲先生主编的一年级汉语教程中,这种"可视性文化"在语言知识由浅入深的进程中有计划地得到了呈现:如第八课适时推出了中国的"馒头""包子""饺子"等饮食文化;第九课出现了中国的"斤""两"及"圆""角""分"等计量及货币文化,其后又系统地推出了中国的中药中医、民歌京剧、书法绘画,以及长寿面、太极拳等独具中国特色的文化视点,这些物象足令汉语初学者在有限的词汇范围内,初步感受异国文化的清新与独特。如何界定这一文化表象,以及如何驾驭这一文化敏感期,而为留学生进一步的语言学习培养文化情感,为下一步的文化融入和交流开拓话题,不同观点的学者曾从不同的角度对此作出了界定。

(一) 物质文化说

李枫在《对外汉语教学中文化因素处理的阶段性划分》一文中将文化界定为:"是一个多层体系,具有物质文化,制度文化和精神文化三个层面。这三个层面彼此相关,构成了文化有机体"(李枫,2010)。庞朴早在 1988 年就曾提出,当各具特征的异质文化相接触时,首先容易互相发现的是物质层面或外在层面的文化。

(二) 文化行为层次说

学者魏春木、卞觉非在《基础汉语教学阶段文化导入内容

初探》一文中将文化界定为："文化是有结构层次的，大致分为文化行为和文化心理两大部分。前者指人们发出的动作系统，它是外显的、受支配的，处于文化的表层；后者指行为背后的价值观念系统，它是内隐的、受支配的，处于文化的底层"（魏春木、卞觉非，1992）。作者进而又在文化项目的具体划分上，把一些交际活动中留学生能够介入其中、成为真实交际角色的文化内容定性为"介入性文化行为项目"，如相互间打招呼、约会等交际规范项目，而将诸如家庭伦理道德、扶幼赡养一类归入"非介入性文化项目"。

以上定义，无论是"物质说"还是"层次说"，都似乎忽略了一个基本事实，即这种呈静态形式的文化表层对新来乍到的汉语学习者所产生的复杂的、呈动态性质的心理感应。这种心理感应（或文化震荡）对学者的继续学习将产生怎样的影响，对随着语言知识的丰富而不断加深的文化体验会有怎样的启动效应。在对外汉语教学所应关注的文化课题面前，将"可视性文化"单独予以提出，或许更能够凸显这一文化敏感期的特点，以求激发和调动汉语初学者的文化情感，调整文化心理，尽早融入目的语文化氛围，并克服一些学生可能出现的"文化休克"现象。

二、可视性文化的基本特征

作为一种崭新的文化呈现，"可视性文化"对于另一种文化的旅居者来说，至少应具备以下几方面的特征。

（一）可感性

处于物质层面的文化物象，往往给人以直观的感受，其表层特征与其深刻的文化内涵之间往往具有可伸延性，如中国的长城，映入眼帘的是宏伟、壮观，给人一种力量。它是中国古代中原地区的人们抵御外敌侵略的屏障，初次目睹即可给人以震撼。但随着汉语教学的深入，长城的凝聚力、感染力等深层次象征便会逐一浮出，如"用我们的血肉，筑起我们新的长城"等。由此，长城的直观形象过渡到它的精神内涵便呈现了一个由表及里的过程。这一过程演示了文化认知的基本规律，其主要特征是它的延续性和不可分割性。从这点出发，作为文化表征的长城，第一次在对外汉语教材中出现时，其所产生的震撼便不能简单地一带而过，而应做足文化的伏笔，以待今后的深入。再如包子、饺子等中国饭菜及其厨艺，色香味美，初次品尝可感性极强。这种强烈的感受作为积淀，会很自然地领悟其后的中国"食文化""民以食为天"等精神理念。因此，初次感受的铺垫作用，就显得非常重要。再如中国的京胡，在西方人耳中，尖锐中透着一丝明快，着实让听惯钢琴、小提琴的汉语初学者耳目一新，因而第一次学习该单词时，做些参与性的引申和铺垫，有助于学习者以后对中国京剧的进一步鉴赏或许大有裨益。

（二）异质性

"可视性文化"既曰之"可视"，就不可避免地以其"新颖""别致"而充当文化的第一显像。例如，作为方块字的汉字，映入初学者眼帘的该是何等的繁复，而其后从"象形"的规律中又会使人窥得怎样的奇妙。第一次拿筷子夹菜，域外者于新奇中的操作又是何等的笨拙，而久之，随着两指间配合的熟练，他们又会获得怎样的满足。深之，这种操作对于人类大脑灵性的激发又会带来怎样的益处。而中国式的大家庭，祖孙几代团团围坐，人手一双，碗碟杯盘，取食欢笑，热气腾腾的就餐场面，又会使域外来者感受到中国传统大家庭中洋溢着怎样的温暖与和睦。又如中国的书法艺术，龙飞凤舞，飘逸自是，虽流派不一，透出的却是各自的刚毅或缠绵，足以演绎出汉民族文化性格的洒脱与多元。再如中国的书画，笔下的骏马鬃毛飞扬，扬蹄昂首，夸张之中凸显出生命的韧度。显然，这种文化的视觉冲击对于一位来自异邦、求学汉语的留学生来说，是足够新奇而萌发深入之心的。在汉语教学的初期，教师若能适时加强并转换这种"文化触动"为"文化引力"，将会为以后的汉语学习中的文化教学注入情趣，从而克服学生可能出现的"文化休克"，实施对外汉语教学中文化教学的启蒙。

（三）可鉴性

文化具备异质性，亦具有它的共通性，这样，不同文化背景的人的交际才成为可能。也正因为有异质性，跨文化交际才存在障碍，这是因为交际人的双方人人都有自己的文化观，人们赖以生存和发展的人文环境、地理环境和风土人情对他们的思维产生了难以磨灭的印记，这是一种潜移默化的影响（刘建鹏，2013）。在一种新的文化和风俗面前，人类的异性和共性得到了集中的审视。这种伴随语言学习而进入心理的文化冲击往往不仅需要外来者进行一番自我摆渡或调适，更需要语言教授者能动的引导和适度的梳理，如习惯了母系文化中"情人节"献花、约会的习俗，自然会对中国文化里别样的"七夕"节风俗暗中做对比，那牛郎织女跨越银河相见，这种为爱而感动上苍的中式追求，不仅可念可感，也为新来者打开一扇民俗鉴别之窗。又如嫦娥奔月、玉兔传奇等美妙传说，不禁使情人间的依恋在举头赏月、遥想寄托中拓展了心灵的空间。再如西方家庭的惯例，孩子18岁后便脱离父母闯荡社会，老人依托社会养老，来中国后，面对"四世同堂""扶老爱幼"极其复杂的宗族辈分等关系时，留学生心里所感触的，不仅仅是一种简单的不同，更是一种文化冲击后自觉的鉴别。这种带有西方"猎奇"性质的鉴别，为留学生融入一种新的文化奠定了心理准备，这种心理准备也成为其后有效交际必不可少的过渡环节。我们说，注重这一过渡环节的心理感受和文化鉴别，可使语言学习者通过自我文化摆渡，达到自然地融入与目的语文化的交流之中，从而最大化地体现在目的语环境下学习一门语言的优势。相比之下，不具备这种目的语环境的地方，这种自觉融入将被代以其他的形式，如加拿大维多利亚大学的两位对外汉语教师在授课初期，干脆用学生母语将中西"群体取向与个体取向"等观念结合课文先进行比较，从对别入手，以期达到文化跨越的目的（田军、卞暄莹，2008）。

（四）激发性

"可视性文化"所引发的猎奇心与参与欲是学生融入交际的原动力。语言学习动机（Motivation）是语言学习中情感因素的核心一环，它表现出渴求掌握语言技能，以参与文化交流的强烈愿望。这种愿望的集中体现便是个体内心涌动的向学之力，那种通过参与活动一窥全貌的好奇之心。面对充满异国情调的婚宴：别样的大红喜字，洞房之夜颇具东方色彩的嬉闹，自然会使语言学习者激发融入的兴趣。这种"近景动机"与语言操练若能有机地结合在一起，将会使对外汉语教学的课堂功能得以有效的伸延。诚然，"这种'近景动机'只是一种局部的动机，这类动机作用的范围小，时间短，但却十分强烈"（卢敏，2009）。

三、"可视性文化"在对外汉语教学中的位置

较之学界俗称的其他三种文化（精神文化、制度文化及行为文化），"可视性文化"最先呈现，由于伴有最初的欣喜（initial euphoria），往往最少遭遇旅居者的抵触而最易于操控。"可视性文化"又是与对外汉语教材中的语言学习同步出现，其可视、可感、可鉴等特征也为汉语学习者融入目的语的文化交

流奠定了基础。这种通过对目的语文化的直接审视与品味、与母系文化中的同一物象进行同异比较，使语言初学者能够自我修正自己的文化立足点，从而逐渐培养自己对目的语文化的感知能力，这是一个对外汉语教学中不容忽视的文化心理疏导过程。从这点出发，对外汉语教材中循序渐进、由视觉到精神的文化推进过程便不难理解。通过语言知识的积累不断伸延这些文化"可视点"，这就要求我们要充分利用这一文化敏感期，保持和发展这种文化"新奇感"，引导学生适时走入目的语文化体验，在体验中去倾听自然地道的汉语，在交流中锤炼课堂上所掌握的汉语。基于此，"可视性文化"的提出和关注，或许在以下三方面为以上目标的实现提供了可能：①开启汉语教学初期阶段"课内学习，课外体验"的文化交流渠道。②激活文化"兴奋期"，培植学生对目的语文化的情感。③搭建多国学生文化习俗相互展示的平台。④奠定文化教学由浅入深、由表及里的良性发展态势。

诚然，如何处理教材中早期出现的"可视性文化"点，至今还存在着不同的观点。有人主张在学生汉语词汇量不足以听懂书本以外的讲解时，这些文化点不易做过多的引申，留待学生词汇量达到一定程度后再行梳理。另一类以对外汉语教学的文化观为重的人则认为，对外汉语教学不宜给学生一些零碎的、互不相干的文化内容，使文化导入成为一种随意性的教学行为。相反地，在一开始设计文化项目时，就应该把文化作为一个完整的体系来对待，这就是系统性原则。魏春木、卞觉非提出了文化教学的"实用性原则"，即在期初阶段，只着重对"影响学生人际交往方面的文化视点的解释，着力于为其后文化层次性的演绎做好铺垫"。这种重视目的语文化体系的完整性，在具体操作中关注与交往密切相关的文化视点的层次性，并为之做好铺垫的观点，集中体现了当今对外汉语教学的文化观。但这种"实用性原则"似乎忽视了利用汉语语言环境这一充分条件，忽视了文化感受对文化交际的直接影响。要达到以上目标，对外汉语的课上、课下功能应该得以有效地衔接，而课下的功能必须优先得以开发。

四、"可视性文化"关注下汉语课堂的适度伸延

综上所述，"可视性文化"的界定和实践，集中体现了在21世纪新的历史条件下，中国文化走向世界的迫切需要。充分把握和利用"可视性文化"的视点，抓住文化情感嵌入的契机，利用文化的"新奇感"，使汉语学习者更加自觉地参与文化交流实践，不断加深对汉文化的认识，达到语言知识与参与性文化习得的有机结合，进而实现由物质到精神、由表征及内涵的文化融入过程，这种参与性的融入要求我们的对外汉语课堂必须作出适度的伸延，而开发文化体验这一环节将有助于对外汉语教学总体目标的实现。正如刘珣先生所提出的"我们在汉语的故乡进行汉语作为第二语言的教学，如果能利用汉语社会环境这一得天独厚的条件，应该能取得良好的效果"。可见，由"可视性文化"作为催生素的文化参与欲望能使师生间被动的语言传授模式和语言习得结合起来，使语言和言语相互交替，真正使言语环境成为有效的资源。

纵览杨寄洲先生所编写的对外汉语一年级教程，其作为中国文化的渗透也是以"可视性文化"为视点而适时推进的：如第一册第八课开始出现中国的"饺子""馒头""包子"，中国餐具如碗等可视性物质文化点后，第十五课则推出颇具中国传统特色的中药；第二十六课随着学生汉语语言知识的扩展相继推出中国的国画、书法；第二十八课推出中国式的长寿面兼中国人的属性等，其后又相继推出中国的京剧、风筝、红喜字以及孔庙、中式四合院、中国春节等颇具内涵的文化物象。这些

"可视性文化"物象的推进呈由表及里、由浅入深循序渐进的态势，充分体现了编著者的文化观及其传播策略。对待这些"可视性文化"点，如只考虑学生的汉语知识程度与相应的文化讲解同步进行，当然可以一带而过，但从文化敏感期角度考虑，此做法显然丧失了文化铺垫的良好时机，也辜负了教材编写者的精心安排。如何在学生词汇量有限，"可视性"物象接踵而来的情况下把握文化渗透之先机，笔者认为，让学生接触目的语实物，以观察、体悟为原则，教师将有关词汇先行"预热"为手段，以与母语同类文化物象相比较为视角，以现场动手操作为方式，以交流融入目的语文化为总目标，将课上的词汇讲解与课下的实用场合作有效地对接，并着重体验环节的操作。在此，笔者不避浅陋，提出以下建议，以求教于各位同仁。

（一）将有关词汇适度汇集，先行"预热"

当课文中第一次出现如碟、碗、饺子、包子等词汇时，应配以图片或电视镜头等形式加深印象，并就中国食文化中所涉及的交际场合作出界定。与此同时，可就"包饺子""擀面皮""团圆饭"等交际场合所用单词或短语作为外围词汇，组织学生以组为单位，课下或课上动手查字典或上网搜索查找这些词汇及其实用场合，着重了解这些文化视点所涵盖的文化氛围、文化禁忌等与交际密切相关的因素，然后组织学生予以归纳和必要的讨论。这种通过自学和泛学得来的词汇先不要求学生会用、会说，只是以"熏陶"的形式留下初步印象，再与接下来的年、节活动中引领学生作真实的体验。

（二）注重"可视性文化"点与母语同类物象的比较

对外汉语教学的宗旨是通过语言教学达到文化交流的目的。因此，不同国籍的学生在面对一种崭新的物质存在时，暗中的接纳、比较乃至鉴赏是此期间必然的心理活动。在此方面，对外汉语教师应具备双文化视角，应能体味学生站在自己母语文化立场上所应有的惊异或质疑，同时也应告诉学生，体味中国文化的目的不是要求你放弃自己的母语文化，而是要亲身了解汉语这门语言使用的大环境及感受汉语社交语用规则。通过建立这种文化交流平台，请不同国别的学生以图片、视频等形式分别展示自己母系文化中的同类器具，通过必要的交流，活跃师生间的文化氛围。如果文化教学实施到位了，学生们的文化冲击得到了缓解甚至消除，语言教学开展起来也就会比较顺利了。

（三）设计活动，深入现场，感知文化氛围

在节日组织学生参加教材中"可视文化"点有关的文化活动或通过看电影、电视等直观媒体、参观文化习俗表演、举办节日文化讲座等专题活动，对先前经"预热"而略知的用语再行复习，并做好最后的收拢性总结。

（四）参与性动手，加深文化感悟

参与性动手包括节日礼物的手工制作、排练节日节目、写赠卡、普通话短剧、民间乐器演奏及小品等，亦可将中国的写春联、包粽子、清明祭扫等活动融入其中，以强化"可视性文化"的内涵意义，进而从贴近到感悟中将可视物的表层意义深化为对一个民族文化的全方位感知。实现21世纪世界文化交流新格局下，对外汉语教学中文化教学的系统性原则。

综上所述，"可视性文化"的提出是服务于中国文化"走出去"这一宏伟目标的。其可操作性也是由目的语文化氛围的存在而决定的。由此出发，对外汉语教学的课堂不再是单纯语言的学习和操练，它将和必要的文化感受连接在一起，和活生生的语言运用场合交织在一块，真正使学生在操作语言的同时消化文化、交流文化，并通过相互鉴赏，提升文化的感悟能力，从而在更深的意义上提升语言教学的总体质量。从这个意义上讲，对外汉语教学不愧是中国文化输出战略的一个重要组成部分。

以地域文化为导向的留学生实践
教学分析与研究

——以沈阳师范大学国际教育学院为例

（沈阳师范大学　谭丽梅）

新中国成立以来，随着中国经济的迅猛发展，中国的国际政治地位不断提升，由此带来的文化影响也相伴而生。海外孔子学院的蓬勃发展，使汉语教学以及中国文化的传播与推广呈现出国际发展之态势，汉语国际化教育已蔚然成风。伴随着来华留学生人数的日益增多，文化差异、教学管理、安全管理、素质培养等成为高校对外汉语教学中亟待解决的问题。

在汉语国际教育和中国文化传播的基础上，针对汉语国际教育的现有课堂教学形式，结合国际教育学院自身多年来的留学生教育经历以及所处东北地区的地理位置特点，配合课堂教学，对中国文化特别是辽宁地域文化等进行体验式、参与式实践教学已成为国际教育学院对外汉语教学的重要部分。基于此，如何更好地利用现有地域文化，并把它融入留学生的实践教学中去，仍值得每一个对外汉语人思考。

一、留学生实践教学研究现状

近年来，从事对外汉语教育工作的学者与研究者就留学生的课堂教学方法与模式有了较为深入的探索与研究，且已颇见成效。研究角度不同，研究的侧重点亦有不同。在重视课堂教学的同时，如何在留学生中开展实践教学，以提高教学质量，尤其提高留学生的实践技能，亦是每一所高校工作者必须思考和研究的重要问题。

但从目前来看，对于留学生的实践教学研究得并不多。在有限的研究中，也大都以专业为导向，侧重于对留学生实践教学体系的构建、高素质实践教师队伍的建立、实践教学质量监控、留学生创新能力培养等进行理论化、制度化研究。而就地域性文化传播中的实践性、体验式教学研究甚少。

"实践教学体系是一个完整的、有序的、递进的有机整体，是根据专业培养目标和理论教学进度统筹安排的实践教学进程。"从国际教育学院的专业设置来看，以汉语言（对外）专业为主，留学生除本科生、研究生之外，还有大量的语言生，其中包括寒暑假短期班语言生等。就本科生来讲，留学生实践教学体系主要由课堂实践教学、课外实践活动、毕业实习、毕业设计（论文）等几部分构成。但对于大量的语言生来说，这样的实践教学体系是不适合且不能实施的。从专业特点、学生特点出发，配合课堂教学，研究切合实际的特色化实践教学模式，使学生学有所得，亦可成为推进学院快速发展的有力因素。

二、以地域性文化为导向，多渠道开展实践教学活动

以汉语为交流工具，全方位，多角度地学习、体验中国文化成为绝大多数来华留学生的共同目的。作为专门从事汉语教育的高校，应通过对留学生汉语程度、所了解中国文化内容的多寡进行调研，尽可能多角度、多侧面地分析如何使文化交流与传播以一种便捷、顺畅、针对性强的方式存在于教与学中。

从以往国际教育学院非本科专业留学生的情况来看，其汉语程度差别很大，既有零基础的初学者，也有汉语程度已达中

高级的学习者；学习期既有几个月的，也有几个学期的。打破单一性课堂教学的文化传播模式，研究并开发实践教学，特别是以辽宁地域文化为主导的多种传播渠道并存的方式已成为必然。

（一）以体验传统节日习俗的方式来感知中国文化

对留学生来说，中国传统节日习俗具有一定的吸引力。借助对传统习俗的渗透，可以加快中国文化的传播。在汉语课堂教学的过程中，留学生对一些节日习俗已经有了不同程度的了解，但时逢节日，如能通过亲身体验来感受节日的氛围，想必这种感觉对留学生来说会感触更深。

国际教育学院每逢端午、中秋等传统节日，都会组织学生参加节日庆祝活动，大家聚集在一起进行诗歌朗诵，端午时节吃粽子、系五彩线、编五彩绳；中秋时节吃月饼、赏月。同时学院还会开展书法、绘画、剪纸等中国文化展示活动，于轻松愉悦的氛围将中国文化与传统节日有机融合。

春节是中国最重要的传统节日，让留学生体验这一节日的习俗自不必说。当然，对于国际教育学院的一些留学生而言，对春节感受最深的莫过于 2015 年的春节。2015 年除夕之夜，国际教育学院来自俄罗斯、布隆迪、韩国、约旦、突尼斯、乌兹别克斯坦的 6 名留学生，与老师们一起应邀参加了中央电视台栏目组在辽宁抚顺新宾赫图阿拉城举办的"外国留学生中国乡村过大年"文化体验活动。中央电视台驻辽宁记者站全程跟踪报道，并在央视英语新闻频道面向全球分 5 个时段进行了现场直播。

有着 400 年历史的清王朝发祥地赫图阿拉城，至今仍保留着最为传统的满族生活习俗——气息浓郁的农家小院、独具特色的满族民居、满族特有的冰车和雪爬犁、淳朴浓厚的民风等。留学生们或身着满族传统服饰，或着中式唐装，与村民一起准备年夜饭、制作传统面食、学习包饺子、包黏豆包、写春联、剪窗花，从中感受独特的节日习俗与民间文化。在新年钟声敲响之际，留学生们通过镜头，分别用汉语和自己的母语向全世界人民送上了最真挚的祝福。能够有这样的机会亲身体验中国传统春节的文化风俗让他们感到十分高兴。此次活动不仅提高了留学生对中华民俗传统文化的了解和认识，也让他们感受到了家一般的温暖。这种亲身体验比在课堂上的讲授来得更直接，感受得更彻底。

（二）借助地域优势，开展辽宁地域文化考察活动

辽宁省是一个多民族省份，除汉族外，还有满族、蒙古族、回族、朝鲜族、锡伯族等多个民族，由丁各民族在地域上聚居的情况不同，形成了汉族与各少数民族在地域上的大杂居和少数民族的小聚居的特点。辽宁地区至今还有不少保存完好的反映清朝历史的文化遗迹、体现满族习俗的风情村等；至今还有很多游牧民族的文化，如蒙古族文化，更有移民文化影响着关东人的衣、食、住、行。

民族的多样性和游牧文化的影响，使得辽宁的地域文化呈现出多姿多彩的特点，这些对来辽宁地区学习汉语的留学生来说，极具吸引力。因此，在理论上，应系统地对辽宁地域文化进行深入研究，从而形成一套比较切实可行的辽宁地域文化传播理论体系。在实践上，采用文化体验、实地考察等方式，让留学生看到与印象中不一样的中国文化，使具有不同文化背景的留学生亲身感受辽宁地域民风、民俗，加深对中国语言文化丰富性的理解，真正达到以汉语为交流工具，汲取中国文化之学习目的。

辽宁地域文化体验活动现已成为国际教育学院的特色实践活动之一，每年春秋两次的文化体验是留学生最热衷的事情。近几年留学生的足迹已遍布辽宁的城乡、山川，于文化体验中

开阔眼界，增长知识，更培养了留学生用心去发现、去感知的学习习惯。

韩国留学生来沈阳是必去西塔风情街的，在那他们可以体验沈阳的朝鲜族文化，品尝鲜族特色美食，同时寻求两个民族、两种文化的交融。留学生们曾到过著名的千山、海棠山、关门山等地标性风景区，亲身感受独特的自然风光与人文景观。这些文化考察活动不仅为留学生亲近大自然、锻炼身心提供了良好的机会，而且能带给他们更直接的触动与影响。

另外，这种文化体验活动还会引发一些留学生的深刻思考。在去赫图阿拉文化体验时，一位来自蒙古的留学生对汗王寝殿门框上悬挂的匾额产生了质疑。"汗王寝宫"是用汉字和满文书写的，满文与蒙文的相似引起了她的注意。回校后她查了资料，明白了满蒙文字的关系。这一点在汉语课堂上很难遇到，也很难提到。这一次文化体验对她来说收获不小。如果不是蒙古的留学生，大概不会发现这样一个问题；如果没有这次文化体验，这个留学生大概也不会想到去查一查满蒙文字的联系。一次地域性文化体验，引发了一次较为深刻的思考，足见其意义之所在。

（三）设置灵活多样的传统文化体验模式

中国传统文化中的书法、绘画、茶艺、民族乐器、剪纸等，因其所具有的民族性特点，极受留学生的喜爱。除了课堂教学外，国际教育学院还为留学生安排了各种形式的体验活动，让留学生进行零距离的亲身感受与学习。

设置中国文化体验课堂：专业教师教授中国剪纸课程，留学生们通过老师的指导，学习如何用折叠、剪裁、雕刻等方式制作出特定的剪纸图案，并亲手制作剪纸作品。学生们体会乐趣的同时，更领略到中国剪纸艺术的神奇与魅力。戏剧艺术学院的师生为语言文化研修班的留学生们展示多种富有中国特色的民族乐器，并演奏美妙动听的民乐，举办戏剧专场讲座，了解戏曲中的典型手势，穿戏服、画脸谱、听昆曲，使留学生更好地体会中国民族艺术的博大精深，领略中国戏曲艺术的魅力。

另外，组织各种文化社团、汉语角活动，使很多留学生能有机会学习并演奏中国民族乐器，展示中国书法，进行中国茶艺表演等。不断地亲身实践，再结合课堂教学，留学生必得受益匪浅。

（四）建设校外实践教学基地，提升留学生的职业素养

在充分发挥地域优势，推广传播地域文化的同时，建设校外实践教学基地，以提升留学生的职业素养。实践教学基地建设是实践教学工作的重要组成部分。建立实习实践基地有利于留学生获得更多的指导和锻炼；建立实习实践基地，可以使学校的人才培养与社会发展需要紧密结合，并且促进学院人才培养模式、课程设置、教学内容、教学管理的进一步完善。

2015 年年初，北京盛世天顺投资管理有限公司辽宁分公司、沈阳晋级装饰工程有限公司和辽宁楚商会馆与沈阳师范大学国际教育学院正式签约成为外国留学生校外实习实践基地。校企共建、校企合作的关系就此确立。随后，韩国敬仁女子大学的 18 名同学，在结束了四周的课堂汉语学习之后，分别在这三个实习基地进行了为期两周的实习。在这两周的时间里，学生们分别感受到了这三家企业不同的企业文化。

企业文化的核心是企业价值观，而企业价值观的核心是人本思想。人本思想作为企业的核心价值理念，渗透在企业管理的方方面面。而人本思想又恰恰是孔子《论语》之"仁者，爱人"的具体体现。古有"半部《论语》治天下"一说，现如今《论语》仍为中、韩、日的企业家们奉为管理企业的法宝，并把它的管理精髓融入企业精神、企业哲学、企业形象、企业行为当中，与先进的管理理论相融合。留学生到中国的企业中实习，

在锻炼自己的同时，还会体验到不一样的文化，还会受到中国传统文化与现代管理理念的熏陶。

三、地域性文化实践教学的意义

在留学生的汉语教育过程中，实践教学贯穿于课内课外、校内校外。借鉴已有的研究经验与成果，根据留学生的自身情况，因地制宜、因材施教。配合地域文化、民俗文化的课堂教学，增大实践性教学的力度，既可以传授知识、培养学生的实践、创新能力，又可以提高学生的综合素质，以达到多渠道、多角度的深入性文化传播之目的。

（一）以语言为工具，深度了解中国文化尤其地域文化，体现语言学习的目的性

对于一些有一定汉语基础的留学生来说，或是因为其专业方向的需求，或是因为其寻根的需求，单一的汉语学习已不是其来华的目的，而对地域性民俗文化的渴求已呈现出来。留学生中经常会有这样的情况出现：当语言已经不再是交流的障碍时，"游学"成了其留学生活的一部分。因此，应大力发掘辽宁地域文化，为留学生提供体验不同地域文化民俗的实践机会，一方面不但满足留学生的需求，使他们在真实的场景中检测自己的语言综合能力，而且也多一条传播中国文化的渠道。当然，选择适当的、特色显著的地域文化也显得很重要。

（二）以文化为诱因，提升语言的学习兴趣，推动语言的学习进程

语言学习是一个持续的过程，是一个考验意志的过程，汉语学习也不例外。对于一些汉语初学者来说，浸泡在汉语环境中，用最简单的汉语交流，面对的却是学习的难度日益加大，

产生畏难情绪在所难免。另外，留学生的学习目的不同，来我院学习的学生中不乏被动学习者。基于学生的种种情况，走出课堂，组织留学生体验辽宁不同地域的风土人情、各民族生活习俗。通过零距离接触，尤其变旁观者为参与者，可以拓宽留学生的视野，激发其学习汉语的兴趣。以文化来促进汉语的学习。

四、结语

实践性教学在对留学生培养中起着重要的作用。地域性文化体验在对外汉语教学中具有一定的现实意义。伴随着汉语基础性传播普及之势，以汉语为交流工具，在课堂理论教学逐渐完善之余，体验式地域文化实践教学的创新，也将成为国际教育学院吸引留学生的新亮点。

依托自身特色，创新留学生跨文化实践

（沈阳师范大学　李　瑛）

随着中国综合国力的不断提升，来华留学已经成为一种时尚，"一带一路"规划圈定的 18 个省份（直辖市）中具备中国政府奖学金来华留学生接收资格的地方师范院校有 14 所，沈阳师范大学就是这 14 所之一，随着留学生教育规模的不断扩大，地方师范院校应提升跨文化教育水准，依托自身特色，开创留学生跨文化实践的新路径，培养越来越多知华、友华的外国友人，不仅使他们会说汉语，更重要的是了解中国文化，使古老的华夏文明传播到世界的各个角落。

一、跨文化教育

跨文化教育源于 20 世纪 60 年代。1992 年，联合国教科文组织正式提出了"跨文化教育"这一概念。我们认为，跨文化教育从广义上来说是一种实践的过程，它很好地体现了体验式学习理论的特点，在丰富多彩的有针对性的活动中使学生浸润在文化的氛围中，耳濡目染地接受他国文化。

跨文化教育包括跨文化教学和跨文化实践，沈阳师范大学结合自身特点，课程设置除了"中国文化""说汉语谈文化""当代中国"等，还开设了具有本省本地区的文化课程，如"辽宁旅游""东北人文地理"等具有鲜明地理特点的文化课程，针对学生关心的问题及相关话题适度展开，注意将社会文化语境知识以及汉民族心理等因素都考虑在内，结合一些讲座与报告将留学生感兴趣的问题诸如中国对外贸易与中国经济增长、当今中国外交政策趋势、中国具有划时代意义的改革背景、当代中国面临的问题等内容融入该课程。另外，还开设了选修文化课，沈阳师范大学国际教育学院利用学校优势聘请戏剧学院、体育学院、美术学院、学前教育学院、艺术学校的老师开设太极拳课、书法课、中国画课、茶艺课、京剧脸谱欣赏课、剪纸课、中国结的编织、京剧服装展示课等专题选修课。老师们为学生讲解中国现代戏曲的演变、中国乐器、乐谱知识，使留学生领略中国戏曲艺术的魅力，加深了他们对中国传统文化的认知与热爱。此外，还聘请国内知名学者为留学生不定期地开设中国传统文化相关内容的讲座、报告。

二、跨文化实践创新

跨文化实践包括两个方面：一是在课堂学习中国传统文化的基础上，带领留学生走出校门，欣赏自然风光、了解风土人情、参观本土企业，了解企业文化；二是以体现跨文化融合为目的的他国文化的展览与演示，在每个学期开展多次各国文化展览，从地理、人文的介绍到衣、食、住、行全方位的展示，使各国留学生之间加深了解，扩大文化融合。

（一）跨文化实践的原则

应贯彻中国传统文化介绍与各国文化展示相结合，实习基地建设与企业参观相结合，风土人情了解与自然景观欣赏相结合的原则。

（二）沈阳师范大学国际教育学院跨文化实践的成功运作

跨文化实践是跨文化教育实践的重要一环，实施中组织者要具备科学性、前瞻性，要走出去，请进来，加深与企业、地方政府的联系，形成顺畅的实践渠道。

实习基地与跨文化实践地点的调研与选择。在每次文化实践运作之前，留学生科与教师都结合本地区的地理位置、人文特点、气候条件，精心选择适合留学生文化实践的地点或企业。确定了文化实践的地点之后，教师精心准备，学习相关的历史、地理、宗教、民族、风俗、古建园林、特产历史掌故、民间传说，从而方便教师提前在课堂上向学生充分介绍该景点、城市、企业的相关信息。

跨文化实践不仅仅是欣赏美丽的自然风光，还可开展灵活多样的文化实践。例如，2015年10月的辽宁地域文化实践选择了辽宁省法库县，将具有"中国瓷谷"美誉的法库艺术陶瓷创意中心作为沈阳师范大学国际教育学院又一个留学生校外实习基地，留学生们参观制陶企业，了解制陶工艺，在一件件艺术陶瓷品前流连忘返，对中国博大精深的传统文化赞叹不已。再如2015年2月的除夕夜，留学生们参加中央电视台在辽宁抚顺举办的"外国留学生中国乡村过大年"文化实践活动，他们身穿满服，和当地人一起制作传统食品，深刻了解当地风土人情以及中国节日文化。文化实践不仅要走出去，还要请进来，通过形式多样的活动宣传中国传统文化，如沈阳师范大学国际教育学院定期举办中国传统文化展示会，将著名的书法家、画家、茶艺师、剪纸师等请到学院为留学生展示，同时向各位名家颁发海外留学生中华传统文化导师荣誉证书。

（三）跨文化实践的后续反馈与评价

跨文化实践后，学院采取问卷调查的方式，通过留学生的感受与体会，评价其效果。

首先，学生通过身临其境的亲身体验，激发了兴趣，使文化知识更自然地融入学生的知识体系，提高了学生对中国文化的认知程度。激发了学生用目的语交流的热情，通过跨文化实践，学生不仅加深了课堂上对中国传统文化知识的掌握，同时在欣赏美丽自然风光的同时，加深了对中国的感性认识与了解，爱中国，学汉语成为他们的自觉行动，越来越多的人成为知华、友华人士。

其次，跨文化实践使留学生拓宽了视野，增长了见识，学到了课堂上学不到的东西，而留学生实习基地的建设，留学生走出校门在更广阔天地的文化实践，对企业知名度的提升，对当地政府的招商引资、对外宣传也起到了一定的积极作用，双赢使留学生跨文化实践走上良性循环、健康发展的轨道。

（四）跨文化实践活动的体会

第一，加强对跨文化实践的认识，提升跨文化教育的科学性。中国文化博大精深，五千年的传统文化不是一两次课就可以讲得完的，要避免使跨文化体验教育流于形式，即由留学生感兴趣的太极拳、书法、京剧脸谱等手段打开留学生对中国文化感兴趣的大门，将中国文化的精髓传播到每个留学生的心中。同时，还应加强对国际汉语教育教师的培训工作，每一位教师都是中国文化的传播者，都有义务加入对留学生进行跨文化教育的行列中来，自觉地言传身教、身体力行，在平时的教学和活动中潜移默化地影响学生，感染学生。管理者在制订相关计划时要具有前瞻性，计划应具有科学性与灵活性。

第二，加强跨文化实践的管理。要变单一的程序管理为分层目标管理。例如，我校除国际教育学院外，留学生还遍布如国际商学院、美术学院、文学院、管理学院、戏剧学院等许多二级学院，对留学生实行校级留学生管理部门与二级学院留学生管理部门相结合的管理方式。二级学院管理部门在留学生管理中更具自主性和灵活性，其管理成员由二级学院相关领导、留学生专职辅导员、留学生的年级长、班主任和班委组成。

留学生跨文化实践，各高校都在积极探索中，其中不免出现一些新问题、新情况，这就需要政策制定者们在制订相关政策的过程中实事求是，从本单位实际情况与条件出发，结合自身优势与特点统筹规划、科学安排、加强管理，尊重本国文化和他国文化的特点，将文化课程内容的学习与文化实践活动巧妙结合起来，从而达到宣传中国传统文化的目的。

主题教学模式在中国文化课中的应用

（大连外国语大学　王　端）

一、引言

中国文化课是为来华留学生开设的常规课程，它一方面满足了外国学生对中国文化的浓厚兴趣，一方面也是实现中华文化海内外传播的重要途径。很多老外最初往往是出于对中国文化的喜爱才踏上了汉语学习之路，在他们逐步掌握汉语的同时，对中国文化知识的渴望也越来越强烈。然而，相比于语言类课程，我们对中国文化课的重视程度远远不够，在教学设计和教学效果方面更是不尽如人意。

目前，大多数中国文化课（以"中国概况"为代表）仍在使用教师讲、学生听的传统教学模式，即教师以教材为依据，在课堂上直接向学生传授和灌输中国文化知识。为调动学习兴趣，有些教师也会辅助使用一些多媒体教学手段，这种教学方法增加了教学的直观性和趣味性，相对缓解了"一言堂"的枯燥气氛。但是，博大精深的中国文化被局限在有限的课本中，来自世界各地、有着不同文化背景的留学生被固定在统一的思维框架内，长此以往，留学生就会失去对中国文化课的兴趣，而我们也将失去一个传播中国文化，培养知华、友华人士的重要阵地。

二、主题教学模式解读

主题教学模式是以现代教育思想为指导，以社会生活各方面主题为学习内容，以"主题（theme）—话题（topic）—细节（detail）"为主要教学步骤，逐步学习并建立较为完整的反映主观和客观世界及社会交际需求的知识系统，最终达到提高学生跨文化交际能力的目的。基于建构主义理论，主题教学模式主张教师围绕主题，设计、布置任务并组织引导学生运用综合技能，多渠道捕捉自己感兴趣的内容，结合已有的知识结构展开对主题的深入探讨。

结合教学实际，中国文化课中的主题教学模式可分为三个步骤，即确定主题、话题拓展、细节深化。

中国文化课内容广泛而繁杂，既包括历史、文学、艺术等人文学科内容，又包括政治、经济、风俗等社会科学内容，既要涵盖中国传统文化精髓，又要关注当代中国发展成就。想在一门课程中对中国文化进行面面俱到的介绍既不可能也不可取。在开课前，教师首先要以教材为参考，根据课时安排和教学对象的实际情况（比如年龄、国别、汉语水平、兴趣点等）选择与确定教学主题。全国通用的《中国概况》教材（王顺洪编著，北京大学出版社，2004）包括了 14 个专题：地理、历史、人口、民族、传统思想、科技、教育、政治制度、经济、文学、艺术、风俗习惯、旅游和外交。南开大学祖晓梅教授以此为参考，确定了该院中国概况课的 12 个主题：自然环境、中国人与人口、少数民族、传统思想、政治制度、经济生活、教育、婚姻与家庭、饮食方式、传统节日、社交方式、休闲生活。这些主题的确定既关注了客观文化知识的介绍，又关注了中国人的行为模式和价值观念等深层次文化，给我们以良好的借鉴。

每一个教学主题由若干具有代表性的话题组成，话题需要教师事先布置，通过话题为学生提供具有挑战性的问题情境，激发学生的学习兴趣和探究欲望。例如，"中国地理"这一主题，除了讲解中国地形、气候、山川、河流等客观知识外（可视学生水平安排主讲人，不一定必须由教师讲），教师可以和学生共同讨论"地理环境与文化生成的关系""中国的地理环境对中国文化的影响""中国的地理环境对中国人的心理特点和行为方式的影响""辽宁的地理环境对辽宁地区文化的影响""在你的国家地理环境对文化有哪些影响"等话题。在主题教学模式中，教师不仅仅是知识的讲授者，学生也不仅仅作为听众而存在，教师和学生都是教学活动的参与者，教师发挥主导作用，启发引导学生自己查找资料、认真思考、探索答案。这是文化课学习的一个重要过程，也是将文化学习从有限的课堂内延伸到课外的一个有效途径。做好充分准备后，大家集中在课堂上，通过师生互动、生生互动，合作完成话题的讨论、分析和阐述。

细节深化阶段，教师要从两个方面着手，一是与主题相关的词汇积累，语言与文化关系密切，文化学习为语言学习提供了有意义的内容和真实的语境，在文化课程中实现文化教学与语言教学的融合是一个自然而然的积累过程，但这不意味着要把文化课上成语言课，而是以文化学习为主，语言积累为辅；二是引导学生进行跨文化比较。留学生具有不同的文化背景，他们在学习中国文化的过程中不可避免地会把中国文化放在自己熟悉的文化框架中去理解和诠释。进行跨文化比较可以使学生跳出自己固有的文化定势，从新的视角来理解中国文化和本国文化，培养对不同文化的开放态度，提高学生跨文化交流的能力。

任务教学法是主题教学模式的主要方法，除此之外，小组讨论法、情景教学法、归纳法等也是常用方法。无论哪种方法，都离不开教师对教学对象的深入了解、对教学主题的整体把握、对教学环节的合理安排。每一项任务的布置，查阅资料、观察、访问、调查、采访、分析归纳……都要目的明确，分工合理，切实可行，让留学生在参与中深化拓展主题，在任务中体验、理解中国文化。

三、结语

　　在中国文化课中运用主题教学模式是一种尝试和创新，它以学生为主体，教师为主导，通过"主题－话题－细节"的构建，把中国博大精深的文化精髓引入具体的话题中，由师生共同提出问题、讨论问题、解决问题，调动每位留学生的学习积极性，增强师生之间与生生之间的合作意识，切实提高留学生的跨文化交际水平。同时，主题教学模式还可以解决中国文化课课时有限、师生课堂交流不足、文化课与学生实际生活脱节等问题。广大对外汉语教师需要不断更新教学理念，勇于探索尝试，在教学实践中完善主题教学模式，努力推动中国文化的国际传播。

来华留学生中国文化课实践教学模式初探

（沈阳化工大学　王　亮　吴海迪　马立立）

　　一国经济腾飞，这个国家的语言必将在世界范围内受到重视。随着中国对外开放的程度日益加深，国民经济实力日益增强，学习汉语的留学生人数也在迅速增加。为留学生开设中国文化课程，既有助于在知识层面上帮助留学生了解中国文化，提高汉语水平，同时在能力层面上也可以锻炼留学生的阅读、写作、口语交际等能力，培养他们的合作能力和探究能力，使留学生全面发展。

　　中国文化课是一门全方位、多角度、多层面、立体式的综合性学科，它的内容包罗万象，既是中国历史、社会概况、民俗风情的综合，又是语言、文字、听说等多种内容的整合。然而，由于受授课学时、学习年限等多方面因素的限制，课堂教学对中国文化课程的讲授不可能面面俱到。为使留学生在短时间内对浩瀚的中国文化有一个直观而深刻的了解，就必须考虑如何选择和运用这门课程的教学模式。让留学生多参加一些社会实践，多接触中国社会，多进行一些研究探索，从而丰富他们的视野，提高他们对中国文化的了解和认同不失为最好的选择。因此，将实践教学模式运用于中国文化课的教学实践就显得尤为重要。

一、实践教学模式运用于中国文化课教学的理论基础及优势所在

教学模式是在一定的教育思想指导下，为完成规定的教学目标和内容，对构成教学的诸要素所设计的相对固定的简化组合方式及其活动程序。实验、实践教学是以培养和提高技能水平为目标的实践性教学活动，相对于课堂教学，实验、实践教学具有较强的观察性、操作性和理论实践融合性等特点。由于理论教学的内容较难，借助实验、实践的教学方法可以增进教学实效。第一，通过组织学生走出课堂、走出校门、走向社会，亲历实地开展调研，强调学生参与及动手操作，从而激发学习的主动性，在实践中提高认知，激发兴趣和探索新知的欲望；第二，有利于学生消化、验证理论知识，增强了理论的现实感和说服力；第三，有利于学生调动自己的综合能力以完成学习任务，达到对理论知识的进一步理解消化，也有利于培养学生的创新能力，以提高学生的综合素质。

二、实践教学模式运用于中国文化课教学的实用价值

（一）有助于激发和培养留学生的学习动机

留学生的学习动机具有多样性、关联性、可变性等特点。大多数留学生具有多种学习动机，而且他们的学习动机会随着课程设置、教师授课方式等多方面因素的改变而改变。而将实践教学模式运用于中国文化课教学可以通过"转换教师角色，激发学生学习兴趣""创造成功条件，满足成就需要，增强学习信心""创造环境条件，努力使汉语学习接近母语习得过程"

"满足学生求知欲"等途径，激发和培养留学生正确、积极、健康向上的学习动机。

（二）有助于提高留学生跨文化适应能力

很多留学生始终不能认同或接受中国的某些价值观，在他们的成长经历中，本国的道德观念，已经在头脑中扎根，并成为他们的行为准则和教养习惯。有调查结果显示，留学生普遍在交往适应方面的能力都很低，因而将实践教学模式运用于中国文化课教学势在必行。实践教学可以让留学生走出课堂，走进中国社会，通过游览名胜古迹、走进中国家庭、参加中国学生班级学习等活动，帮助留学生认识中国社会，消除文化隔阂，帮助他们适应新的文化环境，学习新的文化和交流方式。而这一切，仅靠课堂教学是难以完成的，必须通过以学生为主体的实践，让学生活起来、动起来，这样才能帮助学生提高跨文化适应能力。

（三）助于提升留学生的自主学习能力和实践合作能力

实践教学是一种自主学习，教师不能包办代替，要最大限度地调动学生学习的积极性，培养学生自主探究的能力。由此可见，这不失为培养学生自主学习能力最有效的途径之一。同时，实践教学也是一种体验式学习，强调通过亲身实践获得直接经验，因而它必须面向生活，走出课堂，全员参与。学生在研究、解决问题时，自己尝试探索和实践，进行比较分析、综合判断、演绎归纳、创造想象，有时还要直接动手进行操作，与他人交流、协作，共同完成任务。在这一过程中，学生不仅可以获得不少间接经验，还可以获得更多的直接经验。这必将有助于提高学生的实践和合作能力。

（四）有助于提高学生的汉语水平

文化课教学，始终要为汉语教学服务，语言和文化本就是水乳交融的关系。实践教学也要为提高学生的汉语水平服务。课堂上的汉语交流、访问中国家庭时与中国人的交流沟通、围绕某一主题开展的中文演讲比赛等，这些活动都在让学生了解中国文化的同时，提高着他们的汉语水平。

三、实践教学模式运用于中国文化课教学的几点思考

（一）以留学生为主体，强调学生的主体性

实践教学要充分尊重留学生的个性，要以学生本身为主体。因此，在设计教学内容的时候，要充分考虑留学生的特点，要适应他们的兴趣爱好和能力需求等特征。不能漠视学生的特殊需要和思维特点。针对不同国别的留学生要选取与其民族特点和民族习惯相匹配的案例进行有针对性的分析。

（二）要贴近留学生活，体现生活化的特征

中国文化课实践教学的教学内容应贴近留学生的现实生活，要以学生的留学生活为依托，选择那些学生经常接触、有经验基础的内容，要把生活中的经验、常识和形式引进教学。被引进的教学内容要有趣味性、活动性、经验性，特别是对学生要有一定的吸引力。

（三）要体现过程化的特征

实践教学活动的编排应该按照教学过程和教学方法的要求来进行，要精心设计学生活动，引导学生进行积极的探索。在实践教学开始前，要让学生充分阅读教材，充分理解教材。比如，国际教育学院在组织留学生去沈阳故宫参观之前，老师应结合沈阳故宫的布局对故宫进行有针对性的讲解，并要求学生

按照老师介绍的内容进行参观。这样，就避免了学生参观时的走马观花。而让留学生带着老师讲授的知识进行有目的的参观，会收到更好的效果。

（四）要体现生成性的特征

生成性是指设计实践活动要有一定的弹性，把课程内容作为师生之间平等对话的一种起点文本，由师生共同创造而衍生相关的内容。实践教学是开放的，学生不可预测的发展结果会很大，因而封闭的教学设计不符合实践教学的价值追求。在实践活动设计时，不能过于追求精细，否则会束缚师生的手脚，最后"为活动而活动"。

（五）要体现汉语性的特征

留学生的热情很容易被调动起来，尤其是课堂讨论的时候，兴奋的学生会忘记使用汉语，而是几个同一国籍的学生聚在一起，用母语讨论老师提出的问题，这样就失去了提高汉语水平的意义。因此，在教学活动的设计、实施中一定要牢记"提高汉语水平"这一宗旨。比如，在给学生分组时，要把不同国籍的学生分为一组，保证每位学生用汉语发言的时间。通过采取一系列方式，就可以让学生多说汉语，多用汉语进行思维，以达到提高学生汉语水平的目的。